Breslau

Ein Lesebuch

Die Stadt Breslau einst und jetzt
in Sagen und Geschichten, Erinnerungen
und Berichten, Briefen und Gedichten

Herausgegeben von Diethard H. Klein,
zusammengestellt von Heike Rosbach

Husum Verlag

Umschlagbild: Gesine Rosenträger, „Tor zum Hof der Elisabethkirche"

CIP-Titelaufnahme der Deutschen Bibliothek

Breslau : ein Lesebuch ; die Stadt Breslau einst und jetzt in Sagen und Geschichten, Erinnerungen und Berichten, Briefen und Gedichten / hrsg. von Diethard H. Klein. Zsgest. von Heike Rosbach. – Husum : Husum-Verl., 1988
ISBN 3-88042-430-6
NE: Klein, Diethard H. [Hrsg.]

Redaktion: Bücher-GmbH, Bayreuth

Satz: Fotosatz Husum GmbH
Druck und Verarbeitung: Husum Druck- und Verlagsgesellschaft
Postfach 1480, D-2250 Husum
ISBN 3-88042-430-6

Vorwort

Dieses Buch der Erinnerung an das alte Breslau widmet sich nicht nur den wenigen Jahrzehnten vor der Umwälzung von 1945, sondern steigt tief hinab in die Vergangenheit der Hauptstadt Schlesiens. Doch die hier zusammengetragenen Zeugnisse von Besuchern und Bewohnern aus früheren Jahrhunderten sind genauso lebendig wie die Erzählungen jener, die uns heute von ihrer eigenen Jugend in der Stadt an der Oder berichten.

Zur Einstimmung schildern uns bekannte Autoren und erzählfreudige Reisende ihre Eindrücke: für Johann Friedrich Zöllner „kündigte sich Breslau schon in der Ferne sehr vortheilhaft an", für Karl Julius Weber ist es „weit großstädtischer als Berlin, und die Lage ist noch vortheilhafter ... die krummen schmalen Gassen und Nebengässchen, die alten schmalen und desto tiefern Giebelhäuser muß man in einer so alten Stadt schon lassen." Heinrich Laube rühmt das „rauschende Breslauer Straßenleben" und seine „poetischen Promenaden", Arnold Zweig „die frühe Backsteingotik und ... den reichen Barock ... auf der Dominsel – welch ein ununterbrochener Niederschlag kulturellen Werdens im Austausch zwischen Westen und Osten." Stimmungsbilder in Gedichtform tragen zu diesem Eingangskapitel Max Hermann-Neiße und Hans Niekrawitz bei.

Im Kapitel „Breslauer Feste, Kultur und Kunst" reichen die Beiträge von der berühmten Breslauer Marienklage aus dem vierzehnten Jahrhundert über amüsante Schilderungen vom „Nachtschwärmen" anno 1369, von den modischen Besonderheiten der Breslauer Damenwelt um 1800 oder zeitgenössischen Berichten vom Kindelmarkt, von der Fastnacht und der Fronleichnamsprozession bis zu Zusammenfassungen über Kunst- und Musikleben im alten Breslau oder (von Professor Günter Bialas) das Kunstschaffen der zwanziger Jahre in der Odermetropole.

Ein Spaziergang führt den Leser anhand von Darstellungen verschiedener Epochen zu Rathaus und Liebichshöhe, Sand-, Nikolai-, Elisabeth- und Maria-Magdalenen-Kirche, zum Dom und zum Ring und in den Schweidnitzer Keller. Breslauer Dichter und sonstige Berühmtheiten kommen meist mit eigenen Texten zu Wort: Samuel von Butschky, Martin Opitz, Angelus Silesius, Christian Hofmann von Hofmannswaldau, der Kupferstecher F. G. Endler, Willibald Alexis, der Philosoph F. D. E. Schleiermacher, Felix und Therese Dahn, Ferdinand Lassalle und aus neuerer Zeit Dietrich Bonhoeffer und Max Born.

Da schon eingangs Julius Krebs feststellte, Breslaus Geschichte sei „so vielseitig, so belehrend und anziehend, wie kaum die einer ähnlichen großen deutschen Stadt", ist die durch Gedichte und Anekdoten aufgelockerte Fülle von zeitgenössischen Berichten im Kapitel „Breslau im Wandel der Geschichte" nicht verwunderlich: über die Mongolengefahr 1241, den Brand von 1342, die Huldigung vor dem Ungarnkönig Matthias, die schwedische Besetzung 1632 oder die preußische Eroberung 1741 und die Einnahme durch die Franzosen 1807 bis zur Kapitulation von 1945.
Ihrer Bedeutung angemessen, gilt der Breslauer Universität ein eigenes Kapitel – mit Erzählungen vom Studentenleben und dem Wirken bedeutender Professoren, von Jubiläen (von Joseph von Eichendorff) und Neubenennung (Originaltext Kaiser Wilhelms II.), von Berufungen und Ehrungen. Und schließlich kommt Breslau auch als Stadt des Handels und der Industrie nicht zu kurz – mit informativen Darstellungen des mittelalterlichen Handels der Hansestadt oder der wirtschaftlichen Bedeutung um 1800 (John Quincy Adams: „Hier herrscht größere Geschäftigkeit als in Berlin"), der Bedeutung der Messen oder der Wollmärkte, einzelner Handwerks- und Wirtschaftszweige oder bestimmter Unternehmen, die schon früh die Besucher beeindruckten: die Türkische Garnfabrik oder die Cramersche Öfenwerkstatt, die „bis nach Holland und Rußland versendet", die Nähnadelfabrik Hartmann, die „ihren größten Absatz im Ausland macht und bis Lodomirien und Galizien liefert", oder das 1728 gegründete Bankhaus Eichborn, das zugleich im „weltweiten Handel mit Garnen und Leinen" wie als Hofbankier Friedrichs des Großen tätig war.
So rundet sich in den über hundert Einzeltexten aus sieben Jahrhunderten aus alten Quellen und von über siebzig Autoren ein literarisches Bild des alten Breslau. Unvermeidlich, daß dennoch der eine oder andere Leser einen bestimmten Autor, eine Besonderheit, ein bestimmtes Ereignis oder die Erwähnung eines ihm lieben Bauwerks oder malerischen Winkels vermißt; unvermeidlich auch, daß wegen der angestrebten Vielseitigkeit trotz des durch die Reihenvorgabe beschränkten Umfangs notwendige Kürzungen beklagt werden. Hierzu sei auf das ausführliche Quellenverzeichnis verwiesen, das dem an ausführlicherer Lektüre Interessierten Hilfestellung geben kann und auch die vielen Verlage und sonstigen Rechteinhaber nennt, die durch die großzügige Einräumung von Abdruckgenehmigungen wesentlich zum Zustandekommen dieses Bandes beitrugen.

Diethard H. Klein

Eindrücke und Schilderungen

Breslau sieht aus der Ferne sehr vorteilhaft aus

Johann Friedrich Zöllner

Breslau kündigt sich in der Ferne sehr vortheilhaft an. Eine Menge von ansehnlichen Kirchen und Klostergebäuden, und von hohen Thürmen, durchschneiden den Horizont aufs mannichfaltigste. Unter allen ragt der Elisabethkirchthurm wie ein Riese hervor. Man sieht es schon, wenn man noch über zwei Meilen weit entfernt ist, von den Anhöhen bei Frobelwitz, in einer fruchtbaren Ebene liegen, und fährt einen beträchtlichen Strich vor den Thoren durch zierliche Beete, die mit Gartengewächsen, oder mit Färberröthe bepflanzt sind.

Die Oderstadt – wie schön ist sie!

Alfred Kerr

Es schwebt ein Gedenken zu der Oderstadt – mit ihren Heimlichkeiten und ihrer Morgenfrische. Mit neuem Leben . . . und Giebeln aus alter Zeit.

Wie schön ist sie! An manchem stillen Abend im Juni. Wenn die Gegenwart . . . wie mit halber Kraft in umblühten Stätten atmet. Wenn eine Beschaulichkeit, aber doch mit allerhand Gelüst nach weltlichem Treiben, unruhig-ruhevoll dahindämmert. Wie schön in ihrem Baumgrün um den Stadtgraben.

Breslau!

Wie schön im Dezember, wenn die Leute vom Land gekommen sind,

Besorgungen zu machen. Wie schön ist eine Ecke vom Ring, nach Läden zu (wenn man es winters durch die Scheiben einer gutmütigen Droschke sieht). Und die Siebenkurfürstenseite!
Wie schön ist es draußen im Domteil, jenseits von der Welt. Regensburg, die Kirchenstadt, wirkt nicht gefriedeter, nicht verschollener als ein, zwei Gäßchen dort auf der Insel, mit Heiligenbildern, Pfaffenfenstern, Stiftshäusern.
Den Erdkreis hat man durchmessen, zu Wasser und zu Land: um diese Heimat später mit Augen eines Gastes wiederzusehn – und zu wissen, wie herrlich sie ist.
(Herrlich für lange? Tut nichts. Man liebt auch die Menschen besonders, die man bloß in Abständen sieht.)
Im besten Amtsjahr des Bürgermeisters Hans Trentin, meines alten Jugendgefährten, blüht Breslau sommerlich und stark. Dort, wo der Bürgermeister wohnt, in der Friedrich-Wilhelm-Straße, kam Agnes Sorma zur Welt; ein Stern Deutschlands, der immerdar, immerdar die szenische Kunst eines ganzen Landes gedenkenvoll überblinken wird.
Alte Türme, stille Dächer . . . und ein anständiger Strom.
Nichts ist weggekommen. Die „Hummerei" biegt immer noch von der Schweidnitzer Straße rechts ab, wenn man auf die Universität steuert.
Irgendwo dort herum hängt ein goldener Stiefel vor dem Haus. Hier ein goldener Fisch.
Der Laden ist noch da, wohin im zweiten Semester nach heldischen Sitzungen ein Schwarm, Du gelbhaariger Hüne Zeo vorneweg, in der Morgenstunde drang: Neunaugen, Soleier, Bratheringe zu essen (wenn der Holzgeschmack des letzten Lichtenhainer noch unverflogen war).
Einmal schlief man im Garten hernach anderthalb Tage. O Tietefox! o Zeo! o Nudel! o Leibbursch Kuno! o Sceopu! Menschenkinder wurden unter Tischen vorgeholt.
Nicht die schlechteste Zeit des Lebens . . . doch alles umwölkt. Herrlich . . . doch eine Gefangenschaft.
Giebel, Türme, Brücken. Was in Ulm, in Prag, in Paris, in Ingolstadt einem gefiel – das war im Grund öfters ein Hinterdreindämmern mancher schlesischen Jugendstimmung.
(Ja, auch in Paris: denn es hat ein Stück Ulm in sich, ein Stück Prag, ein Stück Breslau . . . neben einem Stück New York.) Das Sarggeschäft von Ohagen lebt auch noch.
Auf der Schuhbrücke liegt Ohagen, wo mir das Glück in der Weihnacht widerfuhr, in dies Dasein zu kommen.
Bei Ohagen ging ich nun vorbei. Im Hause der Kindheit alles wie da-

mals. Unten heute noch ein lieblicher Duft von Zuckerkand und Chemikalien. Fässer stehn im Tor. Wie damals.
An der Front in väterischer Plastik: Tierstücke, Fruchtkörbe, Vögel mit langen Hälsen, alles die Fenster berankend.
Ernst gescheuerte Holztreppen, darauf Sand gestreut. Es war gestern, als der Leierkastenmann unten sang: „Herzliebchen mein unterm Rebendach". Es war gestern, als ein empfindsam verschollenes Gesing der Schleußerin (so heißen die Stubenmädchen hier, wie konnte man das vergessen?) friedlich hallte: „Du liebes Aug', Du lieber Stern" . . .; hieß sie nicht Klara Zauzig und hat einen Lehrer geheiratet?
Hinauf die Stufen, nein: die Stiegen, wie man schlesisch sagt. Jetzt hat Arminia, Breslauer Burschenschaft, ihren Sitz dort, wo damals Frau Sprinzel wohnte. Weiter! . . . Geräumige Flurtüren von Mattglas, mit Sternchen durchbrochen. Durch ein Sternchen sieht man die ganze Wohnung durch, bis vorn zur Straße. Wie damals steht ein „Tritt" vor dem Fenster. Derselbe Tritt, worauf meine feine Großmama mit weißen Locken sang, was sie zur Gitarre gelernt hatte: „Will sich Hektor ewig von mir wenden?" und „O Maler, o mal' mir mein Liebchen, o mal' es so schön wie es ist."
Die Wohnung, in der ich zur Welt kam.
In Mitteldeutschland gibt es nichts Anmutig-Reicheres als das edle, frohe, wundersame Rathaus am Ring. Unten der Schweidnitzer Keller. Zwischendurch bei kurzem Aufenthalt ist man hinabgegangen, mehr als einmal, zu den Holzbänken, zu dem Friebe-Bier, zu den Marktleuten, zu den Sumpfhühnern, zu verkommenden Studenten. „Koarle, hast no an Scharfgeränderten?" Will sagen: ein Fünfzigpfennigstück.
Dann steigt man empor aus dem Keller; geht wieder durch die Straßen – wo einem doch jede Seele fremd ist.
Jenseits vom Getriebe dort atmet und schlummert in verschlossener Stille der Stadt, in fernem Friedensleben etwas . . . das ernst ist und teuer.
Weil es ein Stück des eigenen Seins und Fliehens enthält, eine verwehende Kindheit, einen Abschied – und allerhand Nichtanrührbares.

Das behagliche Breslau

J. von Miaskowski

Wir kamen im Herbst des Jahres 1881 nach Breslau. Und wir kamen mit freudigsten Erwartungen hin. Es war die erste Universität im Deutschen Reich, bei welcher mein Mann als ordentlicher Professor wirken sollte. Breslau war damals noch keine schöne Stadt. Zwar hatte sie einzelne interessante alte Gebäude, wie u. a. das alte Rathaus. Aber der ewige Staub der oberschlesischen Kohle machte alles schwarz, daß ein Witzbold einem aus Bayern zuziehenden Professor geschrieben hatte, er solle sich nicht wundern, wenn er in Breslau den Schnee schon schwarz vom Himmel fallen sehen würde! Und da wir aus dem sonnigen und besonders sauberen Basel kamen, fiel uns diese unangenehme Seite der Stadt sehr auf. Im Herbst namentlich schien es uns, als ob sich ein ewig grauer, ja schwarzer Himmel über Breslau wölbe, und mein Mann fragte einmal im Scherz, ob es denn hier nie Sonnenschein gäbe? Er erhielt die Antwort, daß er im Juni/Juli sicherlich auf den Knien liegen und um Schatten bitten würde. Aber wir haben uns in dieser uns zuerst wenig anmutenden Stadt doch rasch eingewöhnt und verlebten dort acht überaus glückliche Jahre. Trotz der schon damals bedeutenden Größe der Stadt und ebenso der Universität herrschte ein behaglicher Ton in allen Kreisen der Bevölkerung; es gab dort noch ein näheres Zusammenrücken der Menschen als sonst in großen Orten.

Breslau ist recht hübsch geworden

Karl Julius Weber

Breslau, die Hauptstadt Schlesiens, hatte als Festung ein finsteres Aussehen, wie alle Festungen (war auch zu groß, man braucht vier Stunden, die Stadt zu umgehen); aber seit die stolzen Wälle gefallen sind (1807), ist es recht hübsch geworden, vorzüglich an der Oderseite; die krummen schmalen Gassen und Nebengäßchen, die alten schmalen und daher desto tiefern Giebelhäuser, wo man am hellen Ta-

ge auf den Treppen eine Laterne brauchen kann, muß man in einer so alten Stadt schon lassen. Sie theilt sich in die Alt- und Neustadt, und die Ohlau fließt quer durch sie hin, die schon mancher flüchtige Reisende für die Oder genommen hat. Das Pflaster könnte besser seyn, und die Dachrinnen ganz wegbleiben!
Breslau (Wratislavia, besser von: Wrot Slave = Slavenfurt) mit seinen vielen Kirchen und Thürmen, unter denen sich der Elisabeths-Thurm auszeichnet, kündet sich weit großstädtischer an, als Berlin, und die Lage ist noch vortheilhafter. Die beste Ansicht der Stadt hat man vom heiligen Berge hinter Oswitz über sie und ihre fünf Vorstädte. Die Bevölkerung mag fast 100 000 Seelen betragen, darunter 5000 Juden. Nun wird sich der Fremde nicht wundern, wenn im Gasthofe jeden Augenblick ein Judengesicht zur Thüre hereinsieht mit der Frage: „Nichts zu wechseln?" Industrie ist in Schlesien zu Hause, und diese letztere hat gerade Nichts auf sich, wenn man in seinem Zimmer ist. Es erscheinen auch Öbstlerinnen, keine Wiener alte Fratschel-Weiber, sondern junge muntere Dinger, deren eine mich versicherte, ihre frischen Äpfel seyen wohlschmeckender, als der Apfel der Eva. Es war eine Zeit, wo der Name Breslau süßer in meinen Ohren tönte, als der Name meines Vaterstädtchens! Breslau, die Hauptstadt Schlesiens, ist nach Berlin und Cöln die dritte Hauptstadt, der Seelenzahl nach aber die zweite Stadt Preußens und die fünfte Deutschlands.

Eine große Anzahl von Kirchen

John Quincy Adams

Breslau, den 20. September 1800

Man hatte uns, ehe wir von Berlin nach Schlesien aufbrachen, den Rath gegeben, Breslau ganz und gar nicht zu berühren. Überall hieß es, es sey eine große alte Stadt, sie gleiche allen andern großen Städten, und enthalte nichts, was die Aufmerksamkeit des Reisenden an sich ziehen könne; dieß war die Ursach, weßhalb wir es auf unserer ursprünglichen Reiseroute nicht aufgezeichnet hatten. Da wir uns indeß, bei unserer fortgesetzten Reise, nur wenige Meilen davon befanden, so glaubten wir, nach der Besichtigung eines so großen Theils der

Provinz, eine zu auffallende Geringschätzung der Hauptstadt zu erkennen zu geben, wenn wir sie gänzlich unbesucht ließen, und faßten daher den Entschluß, ihr auf unsrer Rückkehr einige Tage zu widmen. Wir haben nicht Ursach diesen spätern Entschluß zu bereuen, denn obgleich der Ort, wie man ihn uns beschrieben hatte, weiter nichts als eine große, alte, und sehr schmutzige Stadt ist, und obgleich das Wetter noch obendrein, seitdem wir uns hier befinden, beständig von der Art gewesen ist, daß es uns nöthiget einen großen Theil unsrer Zeit zu Hause zuzubringen, so haben wir doch Gegenstände unsrer Wißbegierde gefunden, die hinreichen, uns die wenigen Tage die wir hier zu verweilen gesonnen sind, Vergnügen und Beschäftigung zu gewähren.

Breslau enthält über sechzigtausend Einwohner, von denen ohngefähr ein Drittheil Catholiken, und neun Zehntheile der übrigen zwei Drittheile Lutheraner sind. Allein bei der großen Anzahl von Kirchen und Klöstern, die sich dem Auge eines Fremden in jedem Quartier der Stadt darbieten, muß jeder ganz Unkundige verleitet werden, sie für einen durchaus catholischen Ort zu halten. Neun dieser Kirchen sind für die protestantischen Einwohner zureichend; die übrigen sechs und zwanzig gehören folglich den Catholiken, worunter jedoch mehrere Klöster befindlich sind, und auf den Straßen trifft man eine Menge Mönche von allen Farben, „und alle tragen den Betrug zur Schau, verkappt in schwarz, und weiß, und grau."

Fremde, Adlige, geputzte Leute gibt es die Menge

Johann Michael von Loen

Man wird außer den großen Hofplätzen (Residenzen) nicht leicht einen Ort in Teutschland finden, da man mehr Fremde, mehr Adel, mehr geputzte Leute, mehr Kutschen und Pferde und mehr Windmacher siehet; abenteuerliche Ritter und herumirrende Spieler gibt es hier die Menge . . . Ich besuchte u. a. auch den Herrn von B., um seine Gemälde zu sehen. Dieser hatte vordem mit Stockfisch gehandelt, nun aber sich in des H. R. Reichs Ritterstand erheben lassen. Ich genoß selbst einmal die Ehre, daß er mich mit seinem prächtigen Geschirr (Wagen), einem vergoldeten Phaeton, zu einer Spazierfahrt abholte. Die Wache an den Toren stellte sich darüber in's Gewehr und Ihre Gnaden ließ derselben für diese Höflichkeit ein Geschenk reichen.

Breslauer Eindruck

August Heinrich Hoffmann von Fallersleben

Ich kam den 13. April in Breslau an. Abends ging ich in den Löwenkeller. Wie war ich überrascht, als ich unter diese Kellergäste geriet. Ich dachte wirklich einen Augenblick, ich wäre in einen Revolutionskonvent geraten. Junge und alte Leute von verschiedenen Lebensberufen, Bürgerwehrmänner mit Schlepp- und anderen Säbeln sprachen lärmend und laut ihre politischen Ansichten aus, keiner ließ den anderen recht zu Worte kommen. War das ein Lärm und Getöse! Ich kannte meinen „guttmittigen Breslauer" nicht wieder.

Am 15. April kam ich beim Staatsministerium ein um Wiedereinsetzung in meine Professur infolge des königlichen Amnestieerlasses vom 20. März. In diesen Tagen sah man in Breslau an mehreren Straßenecken einen großen gelben Bogen angeklebt: „Der Minister in der Hölle"; illustriert. Ich war nicht wenig überrascht. Das Gedicht war von mir, ich hatte es 1842 in Breslau verfaßt; ich hatte aber an dieser Art von Veröffentlichung und noch dazu in jetziger Zeit nicht den mindesten Anteil. In Berlin hingegen glaubte man, das Gedicht sei jetzt erst von mir verfaßt und das Bild dazu von mir veranlaßt. Aus sicherer Quelle habe ich später erfahren, daß gerade dieser Eckenanschlag ein Hauptgrund gewesen ist, mich nicht wieder anzustellen. Einem Minister in Amt und Würden sollte es doch gleichgültig sein, ob sein früherer Kollege in der Hölle oder sonstwo ist.

Ich besuchte auch den demokratischen Klub. Wie sehr mancher von der Macht und dem Einflusse der Demokraten überzeugt war, das konnte ich aus manchen Äußerungen erfahren. So bemerkte mir einer, als ich sagte, ich hätte mich an das Staatsministerium wegen Wiederanstellung gewendet: „Was? an das Ministerium? wozu? Besteigen Sie morgen das Katheder, lesen Sie, das ist eine vollendete Tatsache, und – Sie sind wieder Professor in Amt und Würden!" Denselben Abend wurden mehrere Katzenmusiken gebracht. Den folgenden Abend begnügte sich das Volk nicht mehr mit diesen zeitgemäßen Kunstleistungen, es tobte lärmend auf den Straßen umher und fing in seinem Übermut an, mehrere Bäckerläden zu stürmen und zu plündern. Erst um 12 Uhr ward es ruhig. Das, was ich bis jetzt gehört und gesehen, war durchaus nicht geeignet, Vertrauen zu erwecken auf die Fähigkeit derjenigen, welche sich an die Spitze der Volksbewegung gedrängt hatten. Verstimmt über die schon jetzt an mancherlei Seiten gefährdete politische Entwicklung, verließ ich Breslau.

Eine reiche und mächtige Stadt

Julius Krebs

Breslau, die Hauptstadt Schlesiens und die dritte Haupt- und Residenzstadt des preußischen Staates, mit 104 300 Einwohnern, liegt an den beiden Ufern der Oder und der hier in diese einmündenden Ohlau.

Breslau's Geschichte ist so vielseitig, so belehrend und anziehend, wie kaum die einer ähnlichen großen deutschen Stadt. – Nach der Völkerwanderung, welche die ursprünglich deutschen Bewohner vertrieb, nahmen Slawen von der Gegend Besitz. Aus einem armseligen Fischerdorfe an der Oder wurde Breslau eine polnische Ackerstadt, und gewann besonders nach Erbauung der Kathedralkirche an Ansehen und Bedeutung. Bald eine aristokratische, bald eine demokratische Republik, bald zu Polen, bald zu Böhmen, Ungarn, Östreich und endlich zu Preußen gehörig, bald von eigenen Herzögen, bald von Königen, von Kaisern beherrscht, hat Breslau fast alle Verfassungen kennen gelernt. Lange Zeit besaß es neben Venedig und Nürnberg das Monopol für den goldbringenden europäischen Durchzugshandel nach Polen. Es wurde dadurch reich und mächtig, und sein Einfluß als schlesische Hauptstadt gab ihm ohnehin eine wichtige Stimme:

Schon im Anfange des 14. Jahrhunderts war Breslau eine sehr wohlhabende Stadt, und besaß ziemlich das Ansehen eines vollkommenen

Freistaates. Mehr als einmal liehen die Bürger von Breslau den schlesischen Herzögen solche Summen Geldes, daß Diese ihnen dagegen ganze Herzogthümer verpfändeten. Besonders in der Mitte des 16. Jahrhunderts wurden hier Wissenschaft, Kunst und Poesie geschätzt und gepflegt, und Deutschland sah mit Achtung nach der bedeutenden nordöstlichen Grenzstadt deutscher Cultur, welche früh schon durch Ansiedler von schlesischen Herzögen hierher verpflanzt und mit der allmäligen Verwischung des slawischen Volkscharakters segensvoll für Niederschlesien geworden war.
Deutschlands Geschichte hat kaum einen bedeutenden religiösen oder politischen Act aufzuweisen, auf den das mächtige mittelalterliche Breslau nicht irgend einen Einfluß ausgeübt hätte, und es hat diese Stadt im Wechsel der Verhältnisse den Wechsel der Menschen- und Glücksgunst im höchsten Grade erfahren.
Immer mehr verjüngt sich Breslau's historische Physiognomie; der lichtscheue Festungscharakter, den ursprünglich die Zeit des Faustrechts, die Sorge für trotzige Sicherheit ihm aufgedrungen, ist schon seit fast 40 Jahren verschwunden, und bald werden nur noch das alterthümliche Rathhaus und die hohen gothischen Kirchen an jene Zeit erinnern, wo der fehderüstige Geist des Mittelalters in Breslau herrschte und waltete.

Die Promenaden wirken recht poetisch

Heinrich Laube

In Breslau rollte der Wagen am Dome vorüber. Hier steht immer eine große Kirche nur fünfzig Schritte von der anderen entfernt, Bilder des Gekreuzigten verkümmern den Sonnenschein, purpurrote Mesner kriechen wie gekochte Krebse an den Mauern entlang, kleine blauschwarze Kirchenfenster blinzeln wie falsche, tückische Augen, und christliche Verzweiflung ist rings verbreitet.
Wenn ich nicht sehr guter Laune war, so wagte ich mich in Breslau niemals in die Nähe des Domes. Es fiel mir immer ein Verbrechergefühl auf die Brust, wenn ich diese steinerne Betrübnis und Zerknirschung sah. Ein eintöniger Nachmittag auf dem Domplatz kann einen

verstockten Sünder mürbe machen. Ein konsequentes Christentum ist von jeher wie ein mit künstlichen Blumen aufgeputzter Friedhof. Ich kam von Gottes gesundem Lande, und mich kränkelte diese Atmosphäre an.
Geht man aber hundert Schritte weiter, so empfängt einen das rauschende Breslauer Straßenleben, und der Alp fällt von der Brust. Da ich alles noch einmal sehen wollte, um Abschied zu nehmen auf lange Zeit von den Winkeln dieser vertrauten Stadt, sprang ich vom Wagen und lief auf die Promenade. Alles, was man verlieren soll, erscheint doppelt schön. Die Breslauer Promenaden wirken recht poetisch. In ganz Deutschland sind vielleicht nur die von Frankfurt schöner, und der Hamburger Stieg und die Wiener Basteien wecken vielleicht im gleichen Maße Gedanken und Gefühle.
Auf der einen Seite sieht man den Dom in der breit hinschwellenden Oder schwimmen, mit seinen Kreuzen, seinen platten viereckigen Türmen und seinem ganzen festen Katholizismus. Die gebrechliche Brücke verbindet ihn noch mit der Welt, sonst ist er vollständig von der gemeinen Menschheit abgesondert. Diesseits der Brücke ist ja auch der Breslauer Katholizismus ein munterer Weltgeistlicher mit nachgiebigen, vernünftigen Ansichten, der gerne beide Augen zudrückt. Man lebt munter in Breslau. Die Kopfhängerei hat trotz Steffens und Scheibel nie gedeihen wollen, und die fleischlichen Vergehen sind ein gesuchter Artikel. Wendet man sich auf der Promenade zur anderen Seite, so sieht man, wie sich von der Taschenbastion aus das bergblaue Schlesien, meine ganze schöne Heimat, von Morgen nach Abend hinbreitet und liebeslustig das Haupt an den geharnischten Sudetenritter lehnt.

In steter Verschönerung begriffen

Aus „Borussia"

Breslau, die Hauptstadt Schlesiens, des Bisthums und Kreises, und zweite Stadt des preußischen Staates, besteht aus der Alt- und Neustadt, mit 5 schönen Vorstädten, und zählt 92 000 Einwohner evangelischer und katholischer Konfession mit fast 5000 Juden, 4000 Wohnhäuser, gegen 300 öffentliche Gebäude, über 200 Fabrikgebäude und Magazine, 40 Kirchen und Kapellen, 17 Synagogen, überhaupt 142 kirchliche Gebäude, 136 zum Theil kurze und breite, zum Theil enge und schiefe Straßen und Gassen, welche seit 1826 mit Trottoirs versehen sind, und des Nachts von 500 Laternen erleuchtet werden, 33 öffentliche Plätze, 14 öffentliche Bibliotheken, 5 öffentliche Münzsammlungen und eben so viele Kunstsammlungen, 14 Hospitäler, 4 Krankenhäuser und andere wohlthätige Institute, so wie viele Lehranstalten aller Art, unter denen die Universität mit ihren Hilfsanstalten den ersten Platz einnimmt. Die Vorstädte sind die ohlauer, mit schönen Fabrikgebäuden, die schweidnitzer mit dem Dorfe Siebenhufen, die Nikolai-, die Oder- und die Sandvorstadt. Die schweidnitzer Vorstadt zeichnet sich durch eine lange Reihe schöner Gärten aus, von denen viele zu öffentlichen Vergnügungsörtern dienen. Aus der Ferne gewährt Breslau durch seine vielen Thürme, unter denen der Elisabeththurm, der Rathhausthurm und die beiden Thürme der Magdalenenkirche vor allen hervorragen, einen höchst angenehmen und imposanten Anblick, und die innere Stadt ist in steter Vergrößerung und Verschönerung begriffen. Seit 1813 sind die gewaltigen Festungswerke in freundliche Gärten, Rund- und Lustgänge umgewandelt, und die 6 alten finstern Thore seit 1829 abgetragen und mit Schlägen und Zollhäusern vertauscht worden. Außerdem giebt es für Fußgänger noch 5 Pforten. Am vortheilhaftesten zeigt sich Breslau von der Seite der Nikolaivorstadt, durch welche man von Berlin in die Stadt kommt; denn diese, eine lange Straße bildend, ist seit der Belagerung im Winter von 1806/1807 vielfach verschönert, aus der Asche emporgestiegen. In polizeilicher Hinsicht wird die Stadt mit ihrer nächsten Umgebung in 49 Bezirke getheilt, welche unter 8 Kommissariaten, 3 Inspektionen und einem Polizeipräsidium stehen.

Breslauer Stadtteile

Aus „Führer durch Breslau . . ."

Breslau liegt zu beiden Seiten der Oder, an der Einmündung ihres Nebenflusses Ohle. Die Oder spaltet sich innerhalb der Stadt in mehrere

später wieder zusammenfließende Arme, wodurch verschiedene Inseln entstehen, auf denen eine Anzahl Mühlen, Badeanstalten, Kasernen usw. liegen.
Der größere Theil der Stadt liegt links (südlich) der Oder. Hierzu gehört auch die „Innere Stadt", welche den „Ring" mit dem Rathhaus zum Centrum hat und im Norden von der Oder, im Übrigen aber von dem „Stadtgraben" umgrenzt wird. Letzterer ist der ehemalige äußere Wallgraben der früheren Festung Breslau, die ihn auf der Innenseite umsäumende „Promenade" nimmt die Stelle der ehemaligen Festungswälle und -mauern ein. Die Innere Stadt ist der Sitz der meisten Behörden, das Centrum von Handel und Verkehr.
Um die Innere Stadt herum gruppiren sich die 5 Vorstädte, zunächst im Süden die Schweidnitzer Vorstadt, in welche vom Ring aus die Schweidnitzerstraße mündet. Neue Schweidnitzerstraße, Kaiser Wilhelmstraße, Tauentzienstraße und Gartenstraße sind ihre Hauptverkehrsadern. Hier wohnt hauptsächlich der wohlhabendste Theil der Breslauer Bevölkerung.
Zur Schweidnitzer Vorstadt gehören auch die Hauptbahnhöfe der Stadt, der Oberschlesische im Osten, der Freiburger und der Märkische im Westen. Durch die sogenannte Verbindungsbahn wird sie in einen nördlichen und südlichen Theil zerlegt. Zu ihr gehört jetzt auch der 1897 eingemeindete Vorort Kleinburg und der neuangelegte Südpark.
An die Schweidnitzer Vorstadt schließt sich im Osten die von der Ohle durchflossene Ohlauer Vorstadt mit der die Ohlauerstraße über den Stadtgraben hinaus fortsetzenden Klosterstraße und Ohlauer Chaussee. Der innere Theil dieser Vorstadt kann gleichfalls als eine Stätte behaglichen Wohnens bezeichnet werden, während sich weiter hinaus eine bedeutende Industrie angesiedelt hat.
Jenseits der Oder folgt, mit der Ohlauer Vorstadt durch die Lessing-, mit der Inneren Stadt durch die Sand- und Gneisenaubrücke verbunden, die Sand-Vorstadt, zu welcher auch Zoologischer Garten und Scheitniger Park gehören. Diesem Stadttheil geben der Dom und eine ganze Reihe anderer katholischer Kirchen und Anstalten, die Residenz des Fürstbischofs und des Domkapitels das Gepräge. Hier auch der große Häuserkomplex der Königlichen Kliniken an der Thiergarten- und Maxstraße, die Lutherkirche sowie der botanische Garten.
Gleichfalls noch rechts der Oder liegt die Oder-Vorstadt, in welche man vom Ringe aus über die Schmiedebrücke und die Universitätsbrücke gelangt und welche im Norden durch die sogenannte Alte Oder und den Großschiffahrtskanal begrenzt ist. Zur Oder-Vorstadt gehört

der Bahnhof der Rechte-Oder-Ufer-Eisenbahn und daneben neuerdings der Bahnhof der Kleinbahn nach Trebnitz-Prausnitz sowie der im Bau begriffene städtische Hafen.
An die Oder-Vorstadt schließt sich jenseits der großen Werder-Insel mit ihrer Kasernenstadt die Nicolai-Vorstadt. Die Friedrich Wilhelmstraße und Berliner Chaussee bilden in Fortsetzung der Reusche- und Nicolaistraße über den Königsplatz hinweg ihren wichtigsten Straßenzug. Sie ist der Sitz einer großen Industrie (Eisenbahn-Werkstätten, Eisenbahn-Wagenbau, Maschinenbau, Spinnerei usw.). Hier auch der neue städtische Schlacht- und Viehhof in dem jüngst eingemeindeten Orte Pöpelwitz sowie der Haupt-Ladeverkehr von der Axe zu Schiff und umgekehrt.

Breslau – eine katholische Welt

Heinrich Rückert

Übrigens ist der Katholizismus hier auf eine Staunen erregende Art überwiegend, obgleich der Zahl nach nur ungefähr ein Drittel der Bevölkerung ihm gehört. Aber weil hier die Fäden der ostdeutschen Hierarchie und einer ganz großartig organisierten Propaganda zusammenlaufen, so ist es doch, als wenn man sich in einer katholischen Welt befände. Dazu kommt noch die unverhohlene Begünstigung von oben, die sich in großen und kleinen Dingen zeigt. So z. B. als vor einigen Jahren der König hier eintraf, erwarteten ihn der Oberpräsident, die Generäle, die protestantische Geistlichkeit auf dem Bahnhof. Se. Eminenz aber saß derzeit ruhig im Schlosse und empfing da den König.

Breslauer Winternacht

Max Herrmann-Neiße

Nachts kriecht die Kälte aus dem Odereise
und färbt den Mann der Würstchenbude blau.
Um den Matthiasplatz in irrem Kreise
trabt wahngetrieben eine Zeitungsfrau.
Im Torweg Liebespaare stumm erstarrten
zu gotisch keuschen Statuen von Stein.
Den Grogerhitzten, die sich grölend narrten,
gefrieren ihre heisren Stimmen ein.
Das Droschkenpferd und hinter ihm der Wagen,
sie schleppen sich als bald Gelähmte fort.
Und ein Student mit hochgeschlagnem Kragen
verlor die Würde und das Ehrenwort
und sehnt sich nur noch nach der warmen Klause.
So leer wie jetzt war nie der Straßenschacht.
Verdächtige lauern heut an keinem Hause,
auch Tiere bargen sich vor dieser Nacht.
Ins Nichts des Himmels treibt bedrohlich düster
durchs Wolkeneis ein Totenschiff: der Dom.
Und fluchend mit den Schollen wirft als wüster,
heilloser Trunkenbold der Oderstrom.

Ein Haupttor des Austausches

Arnold Zweig

Im dritten Jahrzehnt meines Lebens aber geschah es, daß von den Städten, die jetzt den Heeresbericht füllen, drei eine wichtige Rolle spielten: Breslau, Frankfurt und Küstrin. Meine ersten Semester studierte ich in der schönen alten Kirchen- und Oderstadt Breslau und lernte Architektur und Mittelalter sehen und empfinden. Von der frühen Backsteingotik des mächtig aufgetürmten Domes bis zum geschwungenen und reichen Barock der Bischofspaläste auf der Dominsel – welch ein ununterbrochener Niederschlag kulturellen Werdens im Austausch zwischen Westen und Osten! Was für eine Schulung ging für einen angehenden Erzähler und Prosaisten allein von der Fassade und den gegliederten Massen des Rathauses aus, das die Größe einer alten Handelsstadt würdig repräsentierte. Ja, in Breslau begann ich zu schreiben. Es wurde ein Roman „Die Versuchungen des Johannes Grimm", und als ich nach dem ersten Semester meinen Freunden in den Ferien das erste Kapitel vorlas, waren sie baff: keiner hatte mir zugetraut, daß ich eine so plastische, jeder Wirklichkeit selbständig gegenübertretende Erzählung zuwege bringen würde. Leider ging mir nach dem fünften Kapitel der Atem aus, aber da das Manuskript mit der Hälfte aller meiner Arbeiten in Deutschland blieb, als ich das den Nazis verfallene Land verließ, bleibt das ja wohl gleichgültig. Wichtiger als meine Arbeit war es mir damals, zu leben. Die langen Straßenzüge, die vom Universitätsviertel in die neuere Stadt hinaufführten, die Dominsel mit ihren Kirchen, die Oderbrücken mit ihrer Uferlandschaft und der Kunstschule an ihrem Quai – all das zog mich an, wenn ich nach treulich gehörten Kollegs zum Mittagstisch oder zum Schwimmbad pilgerte. Die Stadt Breslau war ein Haupttor des Austausches zwischen der polnischen und der deutschen Welt, und der Einfluß von München und Dresden kreuzte sich dort mit dem von Warschau und selbst von Budapest. Der Breslauer neigte zu Minderwertigkeitsgefühlen und dazu, sie zu überkompensieren, einen zu scharfen Akzent auf das zu legen, was er darstellte – Ferdinand Lassalle, Alfred Kerr und Emil Ludwig zeugen davon. Und doch war der Kunstfleiß dieser Bevölkerung, ihre Freude an geistigem und gestalterischem Leben durchaus aller Ehren wert, und das Breslauer Theater, die Breslauer Sinfoniekonzerte und Kammermusikabende gaben meinem hungrigen Gemüt reiche fruchtbare Nahrung.

Von der intensiven Beziehung zwischen sozialistischem und jüdischem Leben in Breslau merkte ich damals wenig, reichlich beschäftigt mit Studium und Leben. Erst im Jahre 1919, als ich dort aus meinen Schriften vorlas, lernte ich einen jungen Redakteur der sozialistischen führenden Zeitung kennen, Bernhard Schottländer, und erhoffte aus dieser Begegnung einen dauernden Kontakt. Aber knapp ein Jahr darauf kam der Körper dieses Bernhard Schottländer die Oder hinabgeschwommen, erschossen von Freikorps während des Kapp-Putsches. Er hatte ein Bändchen Hölderlin in der Tasche, als man ihn herausfischte; die Banden, die ihn und andere Häftlinge töteten, trugen den Namen jenes Hauptmanns Aulock, der sich inzwischen während der Schlacht um die Normandie durch die völlig sinnlose Verteidigung von Saint-Malo einen Weltnamen gemacht hat. Aber für uns alle und für die Kultur wäre es besser gewesen, Bernhard Schottländer und nicht Oberst Aulock hätte internationale Bedeutung erworben.

Ohne Lerge ist Breslau nicht Breslau

Gerhart Pohl

Mit Breslau kamen wir aber schließlich doch zurecht, als wir das Urwort dieser Stadt am Oderknie kennenlernten: Lerge! Das Wort ist unausdeutbar, unübertragbar. Die Forschung hat Abhandlungen darüber geliefert – vergeblich! Wort der Drohung, Schmähung, Beleidigung; Wort des zärtlichen Verweilens, der Anerkennung, auch des tollen Ulks. Lerge sagt man breslauisch zu seinem Todfeind wie zu der Geliebten. Lerge ruft man, wenn man das Große Los gewonnen hat oder ins Gefängnis muß.
Wer jemals in Schlesiens Hauptstadt gelebt hat, wird es bestätigen, daß ohne Lerge Breslau nicht – Breslau gewesen wäre.

Breslau

Hans Niekrawietz

Bist du den tieferen Quellen entsprungen,
flutendes Leben, das keine Vergänglichkeit hat?
Breit von den Armen der Oder umschlungen,
ragen die Türme der tausendjährigen Stadt.

Schlesisches Antlitz, sich selber zum Preise,
Stadt der Erhebung, von alters her feindlich begehrt!
Weit überschaut sie die irdischen Kreise
und ist doch traumhaft nach innen gekehrt.

Dominsel, Stätte entrückter und stillerer Tage,
bildergeschmückter Altäre geheiligter Grund;
Ort der Geschichte aus Wahrheit und Sage
und der Verkündung aus ehernem Glockenmund.

Uralte Lettern von mönchischen Händen
zieren vergilbende Blätter und Wölbung und Wand;
zeugen inmitten von Kriegen und Bränden
dennoch vom Siege des Lebens und seinem Bestand!

Sie haben zusammen die Stadt Breslau zerstört

Will-Erich Peuckert

Zwei Drittel von Breslau sind Schutt und Asche; was südlich der Gartenstraße lag, steht nicht mehr; das Schloß steht nicht mehr, das Fürstbischöfliche Palais, die rechte Seite der Schweidnitzer stehen nicht mehr. Die Stadt zwischen der Goldenen Becherseite, der Südseite des Ringes, und dem Schloß steht nicht mehr. Die Stadt zwischen der Kaiser- und Fürstenbrücke, der sogenannte Scheitniger Stern, steht nicht mehr. Das Tauentzien-Denkmal steht nicht mehr. Die schöne und kostbare Universitätsbibliothek steht nicht mehr. Und die den Neumarkt begrenzenden Häuserreihen stehen nicht mehr.

Sie haben die stolze Stadt Breslau zusammen zerstört. Der Russe hat ihren Gandauer Flugplatz genommen und hat die Südstadt in Trümmer geschossen. Die Leitung der deutschen Verteidigung hat den Dom, in den sie ein Munitionslager steckte, zerstört, nur noch die Außenmauern und die Türme blieben erhalten, – es war das schönste Gotteshaus der unseligen Stadt. Sie hat den „Scheitniger Stern", die Ortsvorstadt, sprengen lassen und hat aus dem zwei Kilometer langen Schuttplatz einen Flugplatz gemacht – für zwei Maschinen, die von ihm aufsteigen sollten. Und eine stieg auf. Elftausend Frauen haben den Platz im Granatfeuer gebaut, – viertausend liegen an seinem Ostrande begraben. Die Polen haben die Universitätsbibliothek angezün-

det, zerbrachen das Schloß, räumten die Denkmäler fort. Sie alle zusammen haben die Stadt Breslau zerstört.
Sie alle zusammen – dem sie aber gehörte, dem schlesischen Volk, hat man sie fortgenommen. Ihm ist seine Stadt, die es so über alles liebte, genommen worden, zerstört worden – und dann hat man es ausgetrieben. Und ihm blieb nichts von ihr als das Wort – da stand deine stolze und reiche Stadt.

Breslau heißt nun Wroclaw

Traud Gravenhorst

Breslau heißt nun Wroclaw. Nach amtlicher Schätzung wurden sechzig Prozent der Stadt zerstört. Die polnischen Verwaltungsstellen, die zunächst in Liegnitz, jetzt Legnica, ihren Sitz hatten, siedelten bald nach Breslau über. Die Wojewodschaft Breslau entspricht dem einstigen Niederschlesien, nur das nach Osten hin sehr erweiterte Oberschlesien erhält den Namen „Schlesien".
Herz und Mittelpunkt der Stadt Breslau, das schöne mittelalterliche Rathaus, blieb fast unberührt. Um die Kulturbauten in der Altstadt vor weiterem Verfall zu bewahren, bemüht sich das polnische Kultusministerium, die schlimmsten Schäden zu beheben. Der Dom wird mit einer eigenen Dombauspende wieder hergestellt (Gotthold Rhode). Auch das schwer mitgenommene Universitätsgebäude mit der herrlichen Aula Leopoldina wurde instandgesetzt. Polnische Studenten ziehen ein. In Breslau sollen die Fakultäten – bis zu 20 sind vorgesehen – von Wilna und Lemberg vereinigt werden.
Aber die neuen Bewohner trauen dem gegenwärtigen Zustand nicht. Sie meiden die linke Oderseite mit dem früheren Geschäftszentrum und der einstmals eleganten Schweidnitzer Straße, von der nur noch die linke Seite steht. In der Matthiasstraße, jetzt Stalinstraße, und der Rosentalerstraße bildete sich ein neues Geschäftsviertel. In den großen, seit 400 Jahren protestantischen Stadtkirchen St. Elisabeth und St. Maria Magdalenen wird wieder die Messe gelesen. Das unversehrte Stadttheater führt polnische Dramen und Musikwerke auf. Die Technische Hochschule und eine Kunstschule sind im Gang.

Breslauer Feste, Kultur und Kunst

Breslauer Marienklage

Wer
Hat seyn sper
Alzo her geneyget
Daz her mich
Und auch dich
Zo iemerlichen scheydet?

Großer clage ist mir noet.
Awe, leg ich vor dich toet!
Sun, vater, scheppher bistu meyn
Und ich dy arme mueter deyn.

Ach herre vater, Jesu Crist,
Wen du aller werld eyn scheppher bist.
Gar suser und guter,
Sich an mich vil armen mueter.
Sich an mich vil armen
Und la dich meyn erbarmen
Und tu eyn bezundir gnade dor czu
Und sprich eynyges woertel czu,
Daz ich daz erwerbe
Und daz ich mit dir sterbe.

Ach toet waz bitter ye,
Ouch hastu meyn vorgesen hye,
Sint du mir alleyne susse bist!
Ach tot, nue gib mit keyne frist
Und nim mit deyme smerczen
Daz leben meynes herczen!

Dye sun dy birget iren schyn
Al der werlt gemeyne,

Dy erd dy bibet, do sye leit,
Auf cliben sich dye steyne.
Falscher dyt du brue est nicht,
Waz seyn gotheit bringet.
Allez, daz seyn augen an zen,
Noch zeinem tot is ringet.

Awe tot, awe toet,
Tot, nu nim uns beide,
Daz her ich alleyne
Von diser werlde scheide
Alzo iemerlichen.

Seyn not mich notet,
Seyn bluet mich rotet
Seyn toet mich totet
Mit ym yemerlichen!

Awe mir, nu ist her tot,
Dar von newet sich myn not
Und myn yemerliche clag,
Dy ich clegelichen trag,
Wo is czu clagen were!

Awe, waz hat er euch getan?
Io mocht ir ym daz leben lan
Und benemen mir den leip.
Waz zal ich vil armes weip,
Sint ich bin zunes ane?

Durch got, ir vrawen algemeyne
Beyde kusch und auch reyne,
Ir helfet clagen mir meyn kint,
Yo wist ir wol, wy lip sy sint.
Ez waz meynez hercz wunne,
Eyns fuerstenlichen kunne.
Czu eyner muter hat es mich erkorn.

Awe, wu sal ich nu hyn keren?
Myn ougen sint vil zu swere!
Ich han meyn libez kint vorlorn!

Eyn liber kint ny ward geporn.
Wo zal ich trost nu vinden?

Meyn hand muz ich winden!
Awe mir, hercze libes kint!

Omnipotens pater altissime
Angelorum rector mitissime,
Quid faciemus nos miserrime?
Hev quantus est noster dolor!

Almechtiger vater Jesu Crist
Wen du aller werlt eyn scheppher pist
Ueber alle engel vater almechtiger got
Gib uns armen vrawen raet
Wy wyr, herre, vinden dich
Und troeste uns armen kurczelich!

Sitten und Unsitten im späten Mittelalter

Robert Bruckner und J. Stein

In einer kriegerischen Zeit sind die Sitten andere als in Friedenszeiten; die angespannte Thatkraft, das Spiel mit dem eigenen Leben, der mehr als je dem Zufall anheimgegebene Wechsel des Glücks – alle diese Verhältnisse stählen auf der einen Seite den Charakter, machen ihn aber auch zur Gewaltthätigkeit geneigt.
Die Laster und Verbrechen jener Zeit haben daher meistens diese Natur; während die raffinirte Verderbtheit eines in den Künsten und Genüssen des Friedens erschlafften Geschlechts unbekannt war.
Verwundungen und Todtschläge waren daher nichts Seltenes und Gewalt, Frauen und Jungfrauen angethan, um so häufiger, je leichter man sich bei den immerwährenden Kriegen gewöhnte, diese Schändlichkeit als eine Art Kriegsbeute anzusehen.
1389 nahm in Breslau das Nachtschwärmen dermaßen überhand, daß eine Menge Menschen während der Schlafenszeit mit Messern und

Flegeln umherliefen, lärmten und schrieen und allerlei Unfug trieben, bis der Rath energisch eingriff.
Die Strafen waren in der Regel – Geldbußen; doch kommt auch die Todesstrafe sehr häufig in Anwendung, besonders in Prozessen, welchen sich eine politische Tendenz beimischte.
Die den herrschenden Lastern entsprechenden Tugenden waren: Tapferkeit, Bürgerstolz, Biederkeit, Treue. Das Familienleben scheint von großer Gemüthlichkeit gewesen und von der Ehrbarkeit behütet worden zu sein.
Der Geistlichkeit ward lose Sitte nachgeredet und der viele Verkehr von Handelsleuten und anderen Fremden in Kriegs- und Friedenszeiten förderte ein Gewerbe, welches noch heut in großen Handels- und Kasernenstädten herrschend ist, und um geduldet zu werden, auf seine Nothwendigkeit beruft. Bordelle finden sich sehr früh in Breslau, wenigstens steht an der Spitze des rathhäuslichen Rationariums von 1387 und 1427 eine Summe ausgeworfen pro meretricibus d. i. für die Buhlerinnen. Es ist nicht ausgemacht, zu welchem Zweck diese Ausgabe bestimmt war; vermuthlich wurden dafür die Preise angeschafft, womit die Siegerinnen bei den öffentlichen Wettläufen dieser Dirnen gekrönt wurden.
König Ladislaus gerieth bei seinem Aufenthalt in Breslau 1454 des Nachts auf einer Streifpartie wider Wissen in die Wohnung feiler Dirnen, denen er auf ihre Bitten reiche Geschenke austheilte. Die Dirnen hießen freie Weiber und hielten, wie auch an andern Orten gebräuchlich war, öffentliche Umgänge, wie sie z. B. Mittwochs nach Crucis 1415 um ein Stück weißen Barchent, um ein Paar Schuhe und eine Schaube wettliefen. Auf dem damals sogenannten Venusberg hatten sie eine Hauptniederlassung, welche aber 1551 „abgerauffet" und von Grund aus zerstört ward. Die Bewohnerinnen begaben sich hierauf auf den Hinterdom. Das Bordell führte dort den Namen: das fünfte Kollegium; die Inwohnerinnen hießen: Schüler.

Breslau ist eine der liberalsten Städte

Heinrich Laube

Die Pfaffen gestatten zu Breslau kein legitimes Heidentum. Darum nimmt sich alles, was ein gefühlvolles Herz hat, des verpönten Götter-

dienstes an, und Bacchanalien und Orgien aller Art erfüllen Breslaus Straßen und Nächte. Ein moralischer Protestantismus und gefälliger Katholizismus halten einander hier die Waage. Der letztere wiegt noch etwas schwerer. So ist Breslau eine der liberalsten Städte geworden. Sein Umgang ist groß, seine Häuser sind hoch, es gibt verborgene, weitab gelegene Straßen. Es ist noch viel Romantik in den Mädchen aller Stände. Alle dunklen Haustüren und Hausflure sind des Abends belebt. Die Jünglinge suchen Abenteuer, die Mädchen erwarten sie. Es werden plötzliche Bekanntschaften gemacht wie in der buntesten Ritterzeit. Man fragt nach keinem Namen, es ist noch Straßenpoesie in Breslau. Die Geliebte wohnt draußen, jenseits der Oder, hinter der „Elftausend-Jungfrauen-Kirche", der Geliebte schläft diesseits hinter den „Barmherzigen Brüdern". Des Abends reisen sie einander entgegen bis in den breiten Schatten des Jesuitenkollegiums, wo Tag und Nacht die sieben freien Künste und unfreien Wissenschaften gelehrt werden, was heutzutage Universität heißt. Sie wissen nichts voneinander, als daß sie sich sehr lieben. Und wenn die Liebe aufhört, so kommt einige Tage nur eines von beiden in den Schatten der Universität, und dann verschwindet es auch und ein neues Paar erscheint. Das ist der Lauf der Welt. Haben sie sich aber nur zwei Abende verfehlt, so hat das Schicksal sie getrennt und sie suchen sich eine Zeitlang umsonst in dem weiten Breslau und finden sich vielleicht zufällig nach einem Jahre wieder. Dann erkennen sie sich nicht mehr oder beginnen als Fremde eine neue Liebschaft.
Das ist Breslauer Straßenpoesie. Es werden unglaublich viel Verse in Breslau gemacht. Nur läßt man die besten nicht drucken. Damit kein Unglück geschehe, hat man einen schlesischen Musenalmanach als Abzugskanal gestiftet. Jeder brave Schlesier kann hier für ein Billiges seine Verse loswerden, und Dichtervereine und Künstlergesellschaften sind ein stehender Artikel in Breslau. Es wird gereimt, gedichtet, verdünnt, rezensiert, geraucht und geschnupft, als müßte die Welt damit versorgt werden. Namentlich blühen die Scharaden und erfreuen sich enthusiastischer Teilnahme. Der Mond hat großen Anhang. Er scheint aber auch sehr schön in Breslau zwischen die himmelhohen Häuser hinein, auf die breiten Wasserspiegel und die verschwiegenen Gebüsche um die Stadt herum.

Die Breslauerinnen

Johann Friedrich Zöllner

Von den Breslauerinnen sollte ich Dir recht viel erzählen; aber ich habe nur wenige Damen kennen gelernt, und unter denselben waren noch obenein verschiedene nicht hier geboren. Aber alle bestätigten, durch ihr Benehmen, bei mir das Urtheil mehrerer Fremden, daß das schöne Geschlecht hier durch ein offenes, ungezwungenes Wesen, durch einen leichten gesellschaftlichen Ton und durch eine herrschende frohe Gemüthstimmung die Annehmlichkeiten des Umgangs sehr erhöhe.

Der Luxus in der Kleidung ist bei den vornehmern Ständen vielleicht eben so groß, als in Berlin; aber in den Wohnungen ist er bei weitem nicht zu dem Übermaße, wie bei uns gestiegen, und kann es auch nicht, weil es hier an so großen, für die Verschwendung eingerichteten Gebäuden fehlt. Das vornehmere Frauenzimmer hat nichts von einer Nationaltracht, sondern läßt sich, wie in ganz Deutschland, außer einigen Reichsstädten, von der Pariser Mode beherrschen. In den niedern Ständen ist es Sitte, entweder ein Schlesisches Häubchen, oder ein schwarzes sammetnes Kasket und eine steife Schnürbrust zu tragen. In dieser Kleidung sah ich selten ein hübsches Gesicht; und nicht immer einen schlanken und geraden Wuchs.

Eben erhalte ich von einem Freunde eine genaue Zeichnung einer hiesigen Schleißerinn in der hiesigen Nationaltracht. Die Personen, welche Staat damit machen, heißen Schleißerinnen, oder nach einer andern Orthographie und Aussprache, Schleußerinnen. Woher der Name eigentlich rühre, kann ich nicht gewiß bestimmen. Das Geschäft dieser Mädchen ist ohngefähr dem, was unsere Kammer- und Hausjungfern verrichten, ähnlich. Sie sorgen für die Reinlichkeit der Zimmer, ziehn die Dame an, stricken, plätten, oder (wie man hier spricht) bügeln; sie laden, wo kein Bedienter gehalten wird, zum Caffée ein, warten beim Essen auf, usw. Da auch auf Landhäusern Schleißerinnen gehalten werden, und diese das Geschäft der Ausgeberinnen haben, so könnte der Name vielleicht so viel als Schließerinn (die etwas unter dem Beschlusse hält) sagen sollen, wo derselbe nicht von einer Nebenbeschäftigung dieser Personen in ehemaligen Zeiten, dem Schleißen (Reißen) der Federn, abstammt, oder gar mit dem Polnischen Sluzala (eine Dienstmagd) zusammen hängt. Ein geringeres Dienstmädchen führt in Schlesien einen Namen, den bei uns die niedrigste Dirne für ein Schimpfwort hält, nehmlich das Mensch.

Eigentlich ist in dieser Tracht nur der Kopfputz, oder das sogenannte Kasket national, und etwa der Schnitt des Kamisols. Der vordere Theil heißt das Schiff, und der hintere, der Deckel. Die obere Seite des Schiffs ist durchaus mit schwarzem Sammet überzogen, und oben ringsumher mit handbreiten Chenille-Kanten besetzt, welche an ein geflochtenes Drathgestelle befestigt sind. Die untere Seite ist mit Taffet, oder Atlas von beliebiger, meistentheils weißer, Farbe überzogen. Der Deckel ist sechstheilig, gewöhnlich von reichem Zeuge, mit Spitzen besetzt. Zur Schleife, oder Masche, wird ein reiches Band genommen. Unter das Kinn hinab laufen zwei schwarze Bänder, die mit Flor oder schwarzen Spitzen besetzt sind, und die Bärtel heißen. Die Haare müssen, nach der ächten Sitte, verschnitten und ungepudert seyn. Aber die Modesucht soll auch in dieser Klasse nicht nur allerlei Künsteleien mit den Haaren versuchen, sondern sogar das Kasket immer mehr verdrängen, so daß viele Schleißerinnen schon anfangen, sich wie unsere Berliner Kammerjüngferchen zu tragen.
Seitdem ich die steifen Schnürbrüste gesehen habe, worin hier das Frauenzimmer von der geringeren Klasse eingepreßt ist, höre ich auf, mich über die große Menge unglücklicher Geburten in Schlesien zu wundern, und zu hoffen, daß Herr Professor Morgenbesser, durch seine Bemühungen in der Hebammenschule, dies fürchterliche Übel sehr vermindern werde. Wird durch diese Panzer der Wuchs auch nicht ganz verkrüppelt, wie es indessen sehr häufig geschieht, so muß doch der Körperbau von diesem unnatürlichen Drucke schlechterdings dergestalt leiden, daß unglückliche Geburten die Regel, und leichte, natürliche Entbindungen nur die Ausnahme seyn würden, wenn nicht zum Glück der künstliche Bau unserer Maschine, den mannigfaltigsten Gewaltthätigkeiten zu trotzen, im Stande wäre.

Kleines Breslauer Wörterbuch

Klaus Oesterreich

Wenn ich an meine Kindheit denke, fällt mir ein „Kleines Wörterbuch Breslauer Ausdrücke und Redewendungen“ ein. Ob ein Breslauer Dialekt existiert, ist umstritten. Meines Wissens gibt es nur eine Breslauer Aussprache des Hochdeutschen. Das ist eine Vereinfachung,

Zusammenziehung und etwas verwaschene Redeweise der differenzierten hochdeutschen Wörter oder – kurz gesagt – so ein „Nuscheln". Zur Breslauer Sprechweise gehört auch, daß pf als f (Ferd, Feife, Flaume), z gelegentlich als scharfes s = ß (umßingeln), daß gelegentlich i als ü (Kürche, Kürschen) ausgesprochen werden und schließlich viele Breslauer „Wasser im Zahn" haben. Natürlich kennt der Breslauer auch Wortneuschöpfungen. Die Breslauer Sprache ist durchaus etwas Echtes, wenn auch nicht einem Dialekt wie dem schlesischen vergleichbar. In abgewandelter Form hört man Breslauer Ausdrücke in Berlin – aber welcher Berliner stammt schon nicht aus Breslau? Fern vom heimatlichen Breslau nimmt man nun neue, „einheimische" Redewendungen an. Unüberhörbar klingt aber Breslauer Reden durch, das sich auch unsere in der „Fremde" geborenen Kinder schon angewöhnt haben.

Nun einige Proben: Ärschlich – „Agathe, da Gashahn tropft, die Puppe kotzt" – Appelgriebsch – Bändel (Schnur, auch „Spuckat") – Bäudel – Beule – bleede – Blöo – Dienstbolzen (Dienstmädchen) – dämlich – Dämlack – Dätz – Fangnus – fantern Fatzke – Ferdekuttel – flennen – Flunsch – Foten – Fütze – fummeln – Funzel – Gake – Gamel – gratschen – Hienerplinz – Hopse – Irsel (Ursel) – Karussel (Betonung auf dem u) – kascheln (sch wie französisches g in Loge zu sprechen) – Kascher – katschen – Kirte (Kurt) – Kirve (Kurve) – klatschen (verraten) – Klomuttel – Klunker – Knäppel (Knöpfchen) – Koppstick – kriewatschlig – kummocke (komm doch) – labern (reden) – Laberlätzel – Latschen (Pantoffeln) – latschen (gehen) – Lille (Spucke oder Speichel) – Lulatsch – Lusche (hier wieder sch wie französisch g) – Lutschbombon – mähren (langweilig sein) – manschen – Menkenke – Mohspritze – Mostrich – motschen – Muttel – Nischel – nu freilich – Nulpe – nuppeln – nuscheln – Oberrüben – Oberstiebchen – Pampe – Pampel – Pauer – Pimmer – pleeken – plemplem – Posemuckel – Potschen – Puckel – Ränftel – Ritsche – schacken – Schickse – Schippelkugeln – „schischau, schäm dich, alle Leute sehn dich!" – Schiß – Schnaftel – Schneesieber – Schnicke – Schnipsel – Schnutelschaber – schupsen – Seeche – Sipo – Steppel – Tachtel – Teele (Hund) – tälsch – Tippel – tschitscheringrien – tumm – timplich – verkotteln – verkudeln – vespern – Watsche – „Wiederkloppe zehrt nich" – Zinken (Nase) – zinnen (aus den Augenspalten gucken) – zu'ner (geschlossener) Wagen.

Auf Vollständigkeit konnte diese Aufstellung natürlich keinen Wert legen. Aber das genügt wohl.

Der Kindelmarkt

Gerhart Pohl

Advents geschah uns schließlich die Einschwingung in der Heimat Hauptstadt. Da gab's den Kindelmarkt im „Pariser Garten", einem Lokal der Innenstadt, und auf dem Neumarkt mit dem Brunnen des Neptuns, den ob und trotz seines sinnbildschweren Dreizacks die Breslauer unehrerbietig „Gabeljürge" nannten.
Dort wie hier die üppig geschmückten Buden mit bunten Lampen, Glitzerketten im Spiel des Regenbogens, Engelshaar, den schlesischen Christbaumkugeln und den Sternen aus „indischen Schatzkammern" (wie der heisere Ausrufer verkündete) waren einfach knorke. Lerge, welches Glück, ein Breslauer zu sein!
Auch die angebotenen Waren des Kindelmarkts waren „pfundig". Da gab's die „weltberühmten Liegnitzer Bomben" und „Pflastersteine" – die Sensation des Zeitalters. Sie dienten weder Krieg noch Straßenbau, sondern allenfalls einem Magenkatarrh. „Türkischen Honig" verkaufte – die Scheibe für'n Behm (zehn Pfennig) – ein Mann mit rotem Fez und dem typisch osmanischen Namen August Spiller aus Pöpelwitz, Landkreis Breslau.
Dieser Spiller-August, Freund unserer Jugend, wie seine Kindelmarkt-Kollegen und -Kolleginnen, standen vermummt, mit unwahrscheinlich dicken Stiefeln hinter ihren Zaubertischen, wärmten überm Holzöfchen ihre roten „Brummen" (Hände) und tranken immer mal wieder ein „Tippel" (Kaffee) oder einen „Vierstöckigen" (Korn aus dem Wasserglas). Wie herrlich beschwingt war ihr Schimpfen, wenn eine Weile niemand kaufte: „Ihr Gamel (Dummköpfe), Plenten, verpuchte! (verdammte Geizhälse). Denkt ihr vielleicht, wir halten hier Maulaffen feil für euch Sehleute, euch Dreckfresser, vergeizte!" Und kaufte einer, schlug die Stimmung von einem Furioso in das andere um: „Seht Euch den Doktor an! Der ist vielleicht 'n Lebemann, Ihr Leute! Der denkt: Lieber 'n bissel besser und davor 'n bissel länger gelebt!"

Breslauer Fastnacht

Rudolf Stein

Am Fastnachtsabend war die Stimmung innerhalb ganz Breslaus immer am ausgelassensten im Schweidnitzer Keller, wo an diesem Tage Maskenbetrieb herrschte. Die einzelnen Bünde verkleideten sich auf ihren Kneipen und ließen sich dann zum Teil auf Rollwagen durch die Straßen zum Rathaus fahren. Mehrfach sind sie dabei wegen „Veranstaltung eines polizeilich nicht genehmigten Umzuges" von den Hütern des Gesetzes angehalten und zur Anzeige aufgeschrieben worden, was nur eine Steigerung der Lebensfreude zur Folge haben konnte. Da die Kostüme des begrenzten Geldbeutels wegen billig, aber dennoch möglichst witzig und grotesk sein sollten, begann die emsige Zurüstung schon tagelang vorher, und der Erfolg war dann auch immer entsprechend zwerchfellerschütternd. Besondere Vorliebe hatte man dabei schon lange vor dem Weltkrieg für polnische Juden, die in Maske und Benehmen außerordentlich realistisch dargestellt wurden. Sehr beliebt war auch die Nachahmung der „Rettichkarle", deren es manchmal ein halbes Dutzend gab, und die richtigen werden in vorgerückter Stunde manchmal selbst nicht gewußt haben, ob sie oder die anderen echt waren. Ebenso wurden die Originale des Schweidnitzer Kellers aus alter Zeit zu neuem Leben erweckt, und mehrmals konnte man zur Fastnacht dem „Ellen-Malchen" oder dem „Säge-Wilhelm", dem „Fetzpopel" oder dem „Bruder Alex" begegnen. In der Bucht war das Gewimmel der phantastischen Gestalten am dichtesten. Auch der Tabaksqualm, der „Hecht", der sonst schon die Bucht zu einem Ort machte, wo nicht jeder atmen konnte, wurde dann dreimal so dick, aber die Buchtgemütlichkeit, die immer nicht nur von den Studenten, sondern von jedem echten Breslauer als etwas Besonderes empfunden wurde, war nachher nicht mehr zu überbieten. Die tollsten Höhepunkte dieses Hexensabbats bildeten die mehrfach wiederkehrenden Polonäsen, die unter Vorantritt eines Ziehharmonikaspielers durch alle Räume des Schweidnitzer Kellers und über Tische und Bänke gingen. Studenten und Philister bildeten mit auf der Gabel aufgespießten Rollmöpsen, sauren Gurken und Pfannkuchen, Würsteln und Heringen das Gefolge dieses quecksilbrigen ausgelassenen Umzuges. Dabei war nach den ungeschriebenen Gesetzen der Maskenfreiheit kein voller Schoppen vor dem Austrinken sicher, auch Eisbeine und appetitliche Gänsekeulen konnten sich dem zielsicheren Zugriff nicht entziehen. Die meisten Breslauer verstanden in diesem Tumult Spaß, während Widerstrebende mit Pritschen und anderen Marterwerkzeugen gezähmt wurden. Manches junge Mädchen mußte sich, auch wenn es sich wehrte, in überströmender Jugendlust küssen lassen, meist ließ es das aber von so frischen Lippen gern geschehen.

Die Fronleichnamsprozession

Karl von Holtei

Obenan unter diesen Aufregungen der Phantasie steht die große Prozession, welche von der katholischen Bevölkerung Breslaus am Fronleichnamstage gehalten zu werden pflegte. Um die ganze Fülle poetisch-langer Ahnung durch Weihrauch, Priesterkleidung, Fahnen, Gesänge, Blumen und schmetternde Trompeten in dem Knaben hervorgebracht, jetzt noch einmal nachzufühlen, genügt es für mich, eine Päonie (Pfingstrose nannten wir diese Blume) blühen zu sehen. Wenn ich diese purpur- oder blutrote Blüte nur erblicke, so ist es mir, als ob eine Sehnsucht nach fremden Ländern und fernen Zeiten in mir erwachte; ohne zu wissen und zu wollen, gebe ich ihr nach, und sie führt mich auf die schöne Dominsel, wo in einem versteckten Gärtchen, Blumenhändlerinnen, — mit meinem ehemaligen Hauslehrer verwandt und mir durch ihn bekannt, — im Kreise junger Gehilfinnen sitzen, und riesenhafte Girlanden und Kränze für die Feier des kommenden Tages winden. Ich helfe ihnen: reiche Blumen und Eichenlaub; aber eine Päonie wird mir geschenkt. Ich trage sie heim, lege sie vor mir aufs Bett, wenn ich schlafen gehe, und schon vor Sonnenaufgang fallen meine Blicke auf dies welkende Zeichen einer hohen Feier. Ich durchstreife die Stadt, besuche jene Altäre, die angesehene katholische Bürger vor ihren Häusern errichtet haben, und laufe dann hinaus nach dem Dom, den Scharen der Klosterbrüder begegnend, die von allen Seiten dem großen Sammelplatze zueilen. Ich dränge mich durch das Gewühl in die schönen, herrlichen Kirchen, springe jenem Domherrn nach, verfolge diesen Fahnenträger, um ihm in sein altes Angesicht zu blicken, welches wunderlich mit seiner frischen bunten Tracht contrastiert; starre nach den Fenstern des Fürstbischöflichen Palastes; und folge zuletzt dem langen, unübersehbar, langen Zuge von Priestern,

Mönchen, Dienern, Musikern, Schülern und Volk durch die ganze schöne alte Stadt: Und was ich hier in so vielen matten Worten ausdrücken muß, fliegt wie ein Hauch durch meine Seele beim Anblick einer Päonie.

In unserm Hause, in unserer Familie, in unserer Bekanntschaft, war man streng lutherisch; man bat Gott tagtäglich, uns vor dem Papst, wie vor dem Türken zu beschützen; man haßte pflichtschuldigst katholische Kirchen und Priester; schalt auf die Klöster samt ihren Bewohnern und machte höchstens eine Ausnahme, in Betreff der „barmherzigen Jungfern und Brüder"; ich glaube nur deshalb, weil in ihren Freistätten einige unserer erkrankten Dienstboten Pflege und Heilung gefunden hatten. Mir war die Sache mit dem Katholikenhasse niemals ernst; ich schwieg darüber und dachte mir mein Teil. Dagegen fühlte ich eine neugierige Neigung für diejenigen Kinder, von denen man mir bloß warnend sagte: sie wären katholisch. Und als ich gar erfuhr, daß meine erste Liebe eine Katholikin sei, wäre ich am liebsten auch katholisch geworden.

Die Aufhebung der Klöster und Stifte ging mir tief zu Herzen. Ja, ich weinte meine bittern Tränen um die alten Leute, die da gezwungen wurden, noch einmal in die fremde kalte Welt zu gehen, ehe sie sich ins Grab legen durften. Ich trieb die Kühnheit so weit, meine Stimme zu erheben und allerlei verfängliche Reden, – wie denn ein naseweiser Junge sie ausstößt, – über Mein und Dein, über Vergangenheit und Gegenwart, über Geschichte und Zukunft zu erheben; Reden, die geziemend mit der kurzen Erwiderung, daß alles, was der Staat für nötig erachtet, Recht sei, zurückgewiesen wurden. Eine Ansicht, die meine Pflegemutter doch minder kräftig verfocht, als der Staat von ihr begehrte, sie möge ihm ihr Silberzeug einhändigen, oder dasselbe gegen eine fixierte Geldabgabe stempeln lassen. Ich selbst mußte bei dieser Gelegenheit hilfreiche Hand leisten, um einen kleinen Kasten mit ungestempeltem Silber vor den Augen unberufener Forscher zu verbergen; was mir hoffentlich heute, wo ich es reuig bekenne, keine bittern Folgen mehr bringen wird, da die Schuld, denke ich, verjährt, und da jenes ungestempelte Silber obgleich durch Erbrecht an mich gelangt, schon gar lange den Weg alles Fleisches gegangen ist.

Die Klöster wurden leer – und am nächsten Fronleichnamstage blieb die kleine Prozession jenseits der Oder, auf ihrer Dominsel.

Anekdoten von der Graupe

Albert Bitter

Für jeden Breslauer war die „Graupe" ein feststehender Begriff. Es handelt sich um den großen Gebäudekomplex, der sich von der Graupenstraße über den Stadtgraben bis zum Museumsplatz hinzog und in welchem die Staatsanwaltschaft, das Landgericht, das Amtsgericht und das Untersuchungsgefängnis, die eigentliche „Graupe", untergebracht waren. Aus meiner langjährigen Praxis in Breslau sind einige Szenen haften geblieben, die mir berichtenswert zu sein scheinen.

Es soll mal ein Fremder nach Breslau gekommen sein, welcher sich bei einem Einheimischen erkundigte, wo denn das Gericht liege. Antwort: „Auf der Graupenstraße". Der Fremde wunderte sich: „Das ist ja komisch; in den meisten Städten liegt das Gericht auf der Gerichtsstraße." Der Breslauer erwiderte darauf bloß: „Nu sagen Sie mal, sind denn ‚Graupen' keen Gericht?"

Der Amtsrichter X. war kein Muster des Fleißes. Deshalb bekniete er die Parteien mit großem Erfolg so lange, bis sie einen Vergleich schlossen. Um die streitbaren Gegner weich zu kriegen, hatte er sich ein wirksames Mittel ausgedacht. In dem Verhandlungszimmer stand an dem Ofen eine Bank. Wenn die Parteien sich nicht einigen wollten, dann stellte er die Sache zurück und forderte sie auf, auf der Bank Platz zu nehmen, um sich die Sache noch einmal zu überlegen. In den meisten Fällen waren die Kampfhähne infolge der vom Ofen ausgestrahlten Hitze nach kurzer Zeit mürbe und gingen auf den Einigungsvorschlag ein, um nicht länger an dem Ofen schmoren zu müssen. Eines Tages war als Kläger ein biederer Handwerksmeister erschienen. Auch dieser wurde auf die Ofenbank genötigt, um so vergleichsbereit gemacht zu werden. Nach längerer Zeit wurde er gefragt, ob er nun zur Einigung bereit sei. Darauf erklärte er bloß: „Nein, Herr Amtsgerichtsrat, ich bin Bäckermeister; mir macht die Hitze nichts aus."

Zu Anfang des Krieges war der Anwalt X. sofort als Reserveoffizier eingezogen worden. Er wollte jedoch vor dem Landgericht noch einen wichtigen Termin wahrnehmen, bevor er einrückte und erschien zu der Verhandlung in Uniform. Er entschuldigte sich bei dem Vorsitzenden, daß er nicht in der Robe verhandle, sondern in Uniform. Darauf meinte der Vorsitzende lächelnd: „Herr Rechtsanwalt, Sie haben so oft hier vor uns *uninformiert* gestanden; warum sollen Sie nicht einmal *uniformiert* auftreten."

Als ein Kandidat einmal durchgefallen war, begab er sich zur Kasse des Oberlandesgerichts. Vor langen Zeiten galt nämlich die Bestimmung, daß ein durchgefallener Prüfling die Hälfte der Prüfungsgebühr zurückerhält. Der Kandidat nahm also von dem biederen Justizbeamten die Hälfte der Prüfungsgebühr in Empfang und quittierte freudestrahlend mit den Worten: „Das ist mein erstes selbstverdientes Geld!"

Von einer „ergötzlichen" Hinrichtung

Karl von Holtei

Da ich einmal von Volksschauspielen, von militärischen Ein- und Auszügen, städtischen Festen, Prozessionen und dergleichen geredet habe, will ich, wieder ein wenig zurückblickend, noch eines Volksschauspiels gedenken, welches zu meiner Zeit die guten Breslauer für eines der ergötzlichsten zu halten schienen: einer Hinrichtung. Und zwar nicht etwa einer simplen, einzelnen; nein, einer künstlichen, doppelten und zwar „mit dem Rade von unten auf". Zwei Frauenzimmer, eine ältere und eine jüngere, die letztere üppig-schön, hatten eine grausame Mordtat verübt, durch Leugnen, Bekennen, Wiederleugnen, falsche Anklagen, zuletzt durch mehrfache Schwangerschaften im Kerker (glaube ich), den Prozeß ins Unendliche zu dehnen gewußt, und so meine guten Vaterstädter förmlich lüstern und gierig nach ihrem Blute gemacht. Um „gute Plätze" zu finden, begaben sich sanftfühlende Breslauerinnen, begleitet von ihrer zarten Nachkommenschaft, reichlich versehen mit Viktualien aller Art, schon am Abende zuvor nach dem Rabensteine; sie zogen in den lauen Sommerabend; sie zogen in Scharen; es war, „als ob die Menschheit auf der Wanderung wäre, wallfahrend nach dem Himmelreich!" Die Nachtpartie durfte ich freilich nicht mitmachen, aber mein Vorabend wurde doch auch nicht ganz unnütz angewendet. Der Sohn des derzeitigen Polizeichefs S. v. B. war mein Schulfreund, unsere Mütter besuchten sich, und mit Theodor wurde ich nach der Scharfrichterei geführt, wo uns ein zuvorkommender Schinderknecht, in unterwürfiger Selbstge-

fälligkeit, alle morgen zu benützenden Gerechtigkeits-Utensilien vorwies, vom Rade bis zum „Dämpfer", dem Strick, der um den Hals des Delinquenten geschlungen und freundlich angespannt, sein Schreien verhindern soll. Ich sah diese Gegenstände mit einer Seelenruhe und Teilnahmslosigkeit, daß ich heute noch davor erschrecke. Für den andern Morgen erhielt ich die Erlaubnis, unter der Ägide unseres großen Condé, mich in die Reihen der Zuschauer zu mischen. Nur einzelne Bilder habe ich bewahrt, aus dem Taumel in den Neugier, Grauen und Abscheu mich in jenen Morgenstunden tauchten; aber diese auch für die Ewigkeit. Auf einem schmalen Korbflechterwagen folgte die jüngere der Mörderinnen ihrer Vorgängerin und Verführerin zum Richtplatz. Ihr gegenüber saß ein Kapuziner, der sie zum Gebet ermahnte und mit unermüdlicher Geduld ihr vorbetete, während sie sich schreiend nach dem Pöbel wendete, und von Unschuld und Befreiung phantasierte, bisweilen aber auch nach dem Mönche schlug, der ihr dann väterlich-wehmütig entgegnete: „Schau, im Stockhaus' bist d' so brav g'wesen, und itzunder mach'st d'an 'n so einen Remassori!" Sie war nicht zu bändigen; ihre Augen glühten, das Kleid riß sie sich von den Schultern, und der Anblick ihrer unzüchtigen Reize erfüllte mich mit knabenhafter Furcht. Durch das Gedränge beim Hochgericht trug mich Condé, gewann Platz auf einer kleinen Erderhöhung, setzte mich auf seine Schultern und ließ mich so in den Kreis blicken. Ich sah sie packen, sich wehren, balgen, die Schinderknechte rangen mit ihr. An die Pflöcke im Boden band man Hände und Füße, der Strick war um den Hals gelegt; das Rad stieg und fiel, die Knochen brachen und knirschten, – ein Schlag auf die Brust . . . man hielt sie für tot, . . . der zu Häupten stehende Knecht läßt den Strick nach, sie erhebt ein neues Gebrüll, und ich gleite von Condés Achsel ins Gedränge, aus dem man mich aufhebt, zu mir selbst bringt und nach Haus führt.
Nach Verlauf eines Jahres erst war der Eindruck dieser Mordschlächterei insoweit erloschen, daß ich wieder schlafen konnte; nie aber erlosch der Gedanke in mir, und niemals wird er erlöschen, daß ich ein vor mir stehendes, sanft erscheinendes Weib, während das Rad Schlag auf Schlag fiel, ruhig eine große Brotbutterschnitte verzehren sah.

Die Breslauer helfen den Spinnern und Webern

Gustav Freytag

. . . Da drang in unser politisches und geselliges Treiben ein lauter Klageschrei von Not der Spinner und Weber in den Gebirgskreisen. Dort saß in den Tälern eine dichte Bevölkerung, welche sich mit Hausindustrie auf eigenen Webstühlen zu erhalten suchte. Durch die neue Maschinenarbeit und durch das dürftige Leben mehrerer Generationen war sie verkümmert und in sklavische Abhängigkeit von den Kaufherren geraten. Überall in Deutschland wurde für sie gesammelt; in Breslau trat ein Zentralverein zusammen zur Aufnahme und Verwendung der Beiträge und zur Herbeiführung besserer Lebensbedingungen für die Leidenden. Die Mitglieder des Vereins wurden aus verschiedenen Kreisen der Gesellschaft gewählt, und auch ich wurde herangezogen. Der Verein aber erhielt beträchtliche Summen zur Verfügung. Die Kaufgeschäfte, welche er in erster Notzeit und zur Warnung für harte Händler errichtet hatte, wurden sobald als möglich in zuverlässigen Händen dem regelmäßigen geschäftlichen Betriebe zurückgegeben, der Not des Augenblicks wurde nach Kräften gesteuert, für Verbesserungen der schlechten Wohnungen, Webstühle, Werkzeuge das Mögliche getan. Am wenigsten glückten die Versuche, den Bedrängten andere Arbeit zu verschaffen, denn auch, wo die Gelegenheit dazu gefunden wurde, hinderte die körperliche Unfähigkeit und ebenso sehr der Stolz der armen Leute, welche für sich und ihre Kinder mit unüberwindlicher Zähigkeit an dem Geschäft der Vorfahren festhielten. Es erwies sich, daß nichts schwerer ist, als einem verkommenden Industriezweig seine Opfer zu entreißen. Wir alle lernten, daß keine Vereinstätigkeit, auch die emsigste nicht, eine Arbeit zu tun vermag, welche nur die Zeit vollbringt, indem sie die einen austilgt, die anderen dadurch heraufhebt, daß sie ihnen allmählich die Kraft zuteilt, sich selbst zu helfen, allein oder im Verbande mit den Genossen.

Die Ressource

John Quincy Adams

Ich habe einmal in einer Gesellschaft zu Mittage gespeist, welche nach denselben Grundsätzen wie das Cassino in Berlin errichtet ist. Hier ist sie unter dem Namen der Ressource bekannt, und zählt über zweihundert Mitglieder. Die Gesellschaft bei der Tafel war gemischt, wie es an solchen Orten gewöhnlich ist, und bestand meist aus Officieren. Ich saß neben einem General L–, der mir erzählte, er diene bereits acht und vierzig Jahre, und habe in dem sieben jährigen Kriege jedes Jahr eine Wunde bekommen. Die Narben auf seinem Gesicht und Händen bezeugten die Wahrheit seiner Erzählung. Sie können leicht denken, daß man, sobald man einmal mit einem preußischen General das Gespräch über den siebenjährigen Krieg, und über Friedrich den Zweiten, angeknüpft hat, nicht in Verlegenheit geräth die nöthigen Materialien zur Unterhaltung zu finden. Dieß Gespräch mit dem General war mir folglich sehr angenehm, ob sich gleich der Kreis seiner Ideen und Kenntnisse sehr wenig über die Gränzen seines Metiers zu erstrecken schien:
„die große Welt schien ihm ein ödes Land,
in dem sein Geist nur Nahrung fand,
wenn vor dem Schlachtgewühl die Menschheit bebte." –

Die Zwecklose Gesellschaft

Wilhelm Wackernagel

Die Zwecklose Gesellschaft hat sich deswegen so genannt, weil sie keine von jenen Sozietäten für Sprache und für Kunst und für Literatur und für wissenschaftliche oder unwissenschaftliche Kritik usw. sein will, die so zwecktoll und -voll sind, daß sie, ohne je das Geschütz anders zu richten, immerfort in einer und derselben Richtung Jahrzehnte und ihr Leben lang schießen, aber nicht merken, daß die Kugel nichts mehr trifft, weil der Zweck, das Zentrum der Zielscheibe, schon längst durch- und ausgeschossen ist. Die Zwecklose Gesellschaft dagegen mag ihr Sozietätsauge, ihr Seh- und ihr Schießrohr richten, wohin sie will, überall findet sie ihr Ziel und ihren Zweck. Sie lacht mit den Fröhlichen und ist ernst mit den Ernsten; sie kann in wohlgesetzter Prosa sitzen und gehen und läuft dann wieder auf so viel Versfüßen, als Du nur verlangst; für zahmes Getier hat sie ihre zahmen, für Wild wilde Xenien; jetzt rührt sie die Saiten und hebt eine schöne Weise; liebst Du philosophische Weissagungen: sie auch; verlangst Du artige Bilder: sie gibt sie. Kurz, hier hast Du einen Palast mit unzähligen Pforten; klopfe nur an, jede öffnet sich, jede führt zu neuen Schätzen, neuem Glanz, neuen Tönen.

Das Kunstleben Breslaus

Conrad Buchwald

Breslau ist nicht so arm an Kunst — alter und neuer —, wie es die meisten glauben, die es nicht kennen. Der Fremde, der die Hauptstadt Schlesiens zum ersten Male betritt, ist zumeist überrascht von den vielen malerischen Teilen der Altstadt, von schönen gotischen und barocken, auch modernen Bauten, von reizvollen alten Denkmälern und neuen Standbildern, Brunnen guter Stellung und ähnlichem, was schon bei flüchtigem Gange durch die Stadt dem kunstfreundlichen Auge sich erschließt. Und wer etwas tiefer eindringt beim Suchen nach Kunst, wer in die alten Kirchen hineingeht oder die Schätze der Museen kennen lernt oder das Glück hat, in einige private Kunstsammlungen zu kommen, wird seinem Erstaunen über das Unerwartete sicher Ausdruck geben. Schon viele haben es vor ihm getan, die aus dem Westen oder Süden Deutschlands für kürzere oder längere Zeit nach Breslau „verschlagen" wurden.

Übertriebener Lokalpatriotismus wäre es, wenn man leugnen wollte, daß Breslau eine „östliche" Stadt ist und daß auch das Kunsterbe der Vergangenheit diesen Charakter vielfach trägt, besonders die architektonischen Schöpfungen. Es ist außerdem aber noch auf dem Gebiete der Kunst und des Kunsthandwerks sehr viel vorhanden, was sich sozusagen überall sehen lassen, und viel, was überhaupt nur hier gesehen werden kann, weil es heimischen Ursprungs, außerhalb Schlesiens unbekannt, aber doch zu beachten ist.

Das Kunstleben Breslaus pulsiert zwar nicht so stark wie in ausgesprochenen Kunststädten. Aber seine Künstlerkolonie, Architekten, Maler, Bildhauer, Graphiker, Kunstgewerbler und Kunstgewerblerinnen sind fleißig an der Arbeit, finden Beschäftigung und Anerkennung. Vereine mit künstlerischen Tendenzen suchen sie zusammenzufassen und zu fördern durch Aufträge und Ausstellungen. Für den künstlerischen Nachwuchs sorgen eine staatliche Akademie für Kunst- und Kunstgewerbe und eine städtische Handwerker- und Kunstgewerbeschule. Kunsthandlungen vermitteln, wie anderswo, zwischen Künstlern und Publikum. Und wenn auch bei uns der leidige Zug des in die Ferne Schweifens selbst bei künstlerischen Aufträgen von Behörden sich geltend macht, statt den heimischen Kunstmarkt und die für ihn Schaffenden zu berücksichtigen, so finden sich doch auch für letztere Käufer und Besteller. Ja, es gibt hiesige Firmen und kunstgewerbliche Werkstätten, die hauptsächlich für auswärtigen Bedarf tätig sind. Man brauchte das alles von einer Halbmillionenstadt nicht zu sagen, wenn man gerade von Breslau „draußen" nicht das Gegenteil erwartete, wenn man nicht immer nur von den Künstlern hörte, die von hier stammen oder hier ihre Schulung genossen, aber anderswo Erfolge geerntet und Bedeutung erlangt haben. Es ist eine alte Geschichte, die von dem verkannten Breslau; doch bleibt sie ewig neu.

Karl von Winterfeld und das Musikleben Breslaus

Karl von Raumer

Im Jahre 1816 kam Winterfeld (*1784, † 1852 Berlin), mein lieber Hallenser Universitätsfreund, als Oberlandesgerichtsrat nach Breslau. Mit seiner Ankunft begann für uns ein neuer Lebensabschnitt. Winterfeld hatte seit seiner Universitätszeit sich aufs eifrigste mit Musik beschäftigt. Nach der Universitätszeit gewann seine Liebe zur Musik eine mehr und mehr sich erweiternde Empfänglichkeit. Einige Jahre hielt er sich in Italien auf und sammelte dort einen reichen Schatz kirchlicher Musik. Wie damals fuhr er zeitlebens fort zu sammeln, mit Sinn für die verschiedenste Musik – nicht einzig für geistliche, sondern auch für Opern, Volkslieder u. a. Seine Frau war sehr musikalisch und sang vortrefflich. Meine liebe Frau war auch mit der schönsten Stimme begabt und im Element der edelsten Musik und bei der feinsten musikalischen Bildung – durch ihren Vater und ihre Schwester Louise Reichardt – aufgewachsen. Was Wunder, daß beide Frauen durch gemeinsame und gleichartige Liebe zur Musik sich aufs zarteste miteinander befreundeten. Bald gesellten sich noch einige musikalische Freunde zu uns, so meine Schwägerin, Hanne Steffens, die einen ausgezeichneten Alt sang. Unter Leitung Winterfelds blühte die Musik.

Das Kunstschaffen im Breslau der zwanziger Jahre

Günter Bialas

(. . .) Heute wissen wir, was die „Zwanziger Jahre" für die Entwicklung der modernen Kunst bedeuten, aber es ist dabei fast nur von Berlin die Rede, der Anteil Breslaus an diesem echten revolutionären Aufbruch blieb unbekannt. Schon sehr früh brachte Intendant Turnau im Stadttheater eine Reihe moderner Opern heraus, darunter Werke von Schönberg, Krenek, Hindemith und Janaczek. Im Lobe-Theater gab es unter Barnay immer wieder interessante Neuheiten; ich sah dort Stücke von Georg Kaiser, Ernst Toller, und in bester Erinnerung ist mir noch eine Aufführung von Klabunds „Kreidekreis" mit Carola Neher in der Hauptrolle. Barnay hatte einen guten Griff beim Engagement junger Schauspieler, von denen ich viele später in Berlin wiedersah. Das Hörspiel verdankt dem Breslauer Sender entscheidende Impulse. Intendant Friedrich Bischoff erkannte bald die Bedeutung dieser rundfunkeigenen Kunstform, und seine ersten Versuche wurden zum entscheidenden Beitrag für die Entwicklung des Hörspiels in Deutschland.
Mein Schulfreund Herbert Goralczyk studierte an der Kunstakademie bei Otto Mueller, diesem bedeutenden Maler aus dem Kreis der

„Brücke". Hier tat sich eine neue Welt für mich auf, ich sah zum erstenmal expressionistische Bilder und war fasziniert von den kühnen Möglichkeiten. Ich liebte auch den Umgang mit den Kunststudenten, folgte ihnen gern ins Künstler-Kaffee Fahrig und verbrachte dort viele Stunden mit Diskussionen über die Vereinigung der Künste in Alexander Laszlos Farbtonklavier, das wir gerade in einer Matinee des Stadttheaters gesehen und gehört hatten. Goralczyk bezog damals mit zwei anderen angehenden Künstlern eine neue Leerwohnung für 30 Mark Monatsmiete, die aber auch nach dem Einzug bis auf einige Matrazen und verkleidete Kisten noch ziemlich leer war; dafür erhielten die Wände einen verschiedenfarbigen Anstrich; sie waren rot und blau, die Decke wurde schwarz, was mir großen Eindruck machte. Es war ein freies, ungebundenes Völkchen, immer ohne Geld, aber voller Ideale und Hoffnungen. Nur einmal im Jahr ging es den meisten gut, das war im Fasching, wenn ihnen die Ausstattung der großen Feste im Lunapark oder bei der „Blauen Nacht" in der Bonbonniere die Möglichkeit bot, ihre Börsen wieder zu füllen.

Da sah der Kreis um das Musikinstitut schon wesentlich solider aus. Aber es gab auch dort Originale, besonders unter den Komponisten, zu denen ich gern Kontakt gehabt hätte. Lebhaft erinnere ich mich noch an einen Kompositionsabend im Musiksaal. Die Komponisten spielten meistens ihre Werke selbst, und es waren einige darunter, deren Namen später recht bekannt wurden. Zu ihnen gehörte vor allem Edmund von Borck, den ich einige Jahre darauf in Berlin wiedertraf. Er bereitete sich damals in Breslau auf die Privatmusiklehrerprüfung vor, scheiterte aber an der Klavierlehrprobe für Anfänger. Er hat niemals Kinder unterrichtet, dafür wurde er nach einigen Jahren Kapellmeistertätigkeit Lehrer für Theorie und Komposition am Konservatorium der Stadt Berlin. Er schrieb bedeutende Orchesterwerke und hatte großen Erfolg mit seiner Oper „Napoleon", die noch 1942 in Gera uraufgeführt wurde. Er war ein hochbegabter Komponist, und sein Werk ist zu Unrecht heute in Vergessenheit geraten. Mitten aus einer erfolgreichen Karriere riß ihn der Krieg. Er fiel im Osten. Bei demselben Kompositionsabend trat auch Fritz Koschinsky auf. Er wurde Hauskomponist am Breslauer Schauspielhaus und schrieb gute Gebrauchsmusik für den Sender. Seine vielseitige Begabung zeigte sich auch auf musikwissenschaftlichem Gebiet.

Den Schlesiern dürfte jedoch der Name Karl Sczuka von den Schenke-Kantaten und den vielen Arbeiten für den Breslauer Sender am vertrautesten sein. Sein Auftritt bei diesem Konzert war bemerkenswert. Damals noch schwarz und hager, erschien er mit einem Zettel in

Größe eines Notizblocks auf dem Podium und spielte daraus gute zwanzig Minuten eine 5sätzige Klavier-Suite. Ich habe nie erfahren, was auf dem Zettel stand. Bei meinem zweiten Breslauer Aufenthalt lernte ich ihn erst näher kennen, und mir fiel diese Geschichte wieder ein, als er mir eines Tages erzählte, seine Oper wäre nun fertig. Ich wollte sie natürlich sehen, aber das war nicht möglich, weil er keine Note aufgeschrieben hatte. Er hatte sie im Kopf und konnte ganze Akte auf dem Klavier darstellen. Aber es war kein Kapellmeister in der Lage, sie aufzuführen, weil die Partitur niemals fertig wurde. Leider, denn dieser einfallsreiche Musiker aus dem Hultschiner Ländchen mit unverkennbar böhmischem Einschlag, der viel zu früh in Baden-Baden starb, hatte die Gabe, eine wirksame Oper zu schreiben. (. . .)

Spaziergang durch Breslau

Die Liebichshöhe

Aus „Führer durch Breslau . . .“

Wenn Breslau an hohen nationalen Festtagen im Lichterschmucke erglänzt, dann drängt die schaulustige Bevölkerung nach dem Rathaus und der Liebichshöhe hin, den beiden städtischen Bauwerken, die sich wegen ihrer bevorzugten Lage und ihrer architektonischen Schönheit besonders dazu eignen, die Glanzpunkte der Illumination der Stadt zu bilden. In der That bildet die Liebichshöhe, wenn alle ihre architektonischen Linien mit brennenden Lämpchen besetzt sind, einen unbeschreiblich schönen Anblick.

Bis 1807, dem Jahre, wo die Schleifung der Breslauer Festungswerke begann, bildete die Liebichshöhe einen wichtigen Theil der Befestigungswerke, die sogenannte Taschenbastion. Wohl stieg bald manchem Bürger der Gedanke auf, daß der Hügel sich zu einer Stätte der Erholung und des Vergnügens vorzüglich eignen würde, doch war es dem Kaufmann Adolph Liebich vorbehalten, den Gedanken in die That umzusetzen. „Im Andenken an seinen verstorbenen Bruder Gustav und in Ausführung der demselben schon vor 25 Jahren lieb gewordenen Pläne“ ließ derselbe auf seine Kosten 1866–1867 den städtischen Baurath Schmidt das schöne Bauwerk errichten, wie es jetzt vor uns steht, indeß die Stadt für eine entsprechende landschaftliche Umgestaltung der alten Bastion Sorge trug.

Seine Front kehrt das Bauwerk der Taschenstraße zu. Voll zur Geltung kommt es freilich auch dort nicht mehr, weil es besonders im Sommer theilweise hinter Bäumen verschwindet. Treppen zu beiden Seiten des mit Springbrunnen und Trinkhalle ausgestatteten Atriums führen auf eine Terrasse, die von einem halbkreisförmigen Arkadenbau umschlossen ist. In ihrer Mitte befindet sich ein Springbrunnen, welcher in den Mittag- und Abendstunden einen mächtigen Wasserstrahl emporschleudert. Eine weitere Treppe führt auf das Plateau mit einem empfehlenswerthen Restaurant, welches wegen seiner hohen, dem frischen Luftzuge zugänglichen Lage an heißen Sommertagen in erster Reihe aufgesucht zu werden verdient.

Auf dem Plateau erhebt sich der Aussichtsthurm, der ohne Entgelt zugänglich ist. Eine 3 Meter hohe, von Rauch modellirte Viktoria krönt die Kuppel desselben. Von dem Thurme genießt man eine weite Rundsicht über das von zahlreichen Thürmen überragte Häusermeer der Stadt. Dafür ist es freilich mit der freien Aussicht nach Süden – in die schlesische Ebene mit ihrem Kranze von Bergen – durch die seit Liebichs Zeiten erfolgte gewaltige Ausdehnung der Stadt (1845 ca. 100 000, jetzt [1901] 423 000 Einwohner) für alle Zeit vorbei, höchstens daß der Zobten und das Eulengebirge an dunstfreien Tagen erspäht werden können.

Die Wilhelmsschule

J. F. A. Zimmermann

Als 1790 das Judenwesen zu Breslau in eine solidere Verfassung gebracht wurde, verordnete der König auch, daß zum Unterricht der jüdischen Jugend allhier eine Schule angelegt werden sollte, und überließ die nähere Einrichtung derselben der königlichen Cammer, unter deren Vorsorge dann das Werk so weit zu Stande kam, daß diese jüdische Schule den 15. März 1791 feierlich eingeweiht, eröfnet, und derselben der Name Wilhelmsschule beygelegt wurde. Das dazu bestimmte Gebäude befindet sich auf der Graupengasse, ist maßiv und mit sechs Lehrstuben versehen. Es stehen dabey zwey Oberlehrer, wovon der erste den Character als Professor hat, und Löve heißt; drey Unterlehrer, drey Sprach-, Schreib- und Zeichenmeister; die Hauptaufsicht darüber aber hat das theils aus christlichen, theils aus jüdischen Mitgliedern zusammengesetzte Schulcollegium. Die Zahl der Knaben ist dermalen 120.
Der Unterricht bestehet in deutsch- und hebräischer Sprache, Schreiben und Rechnen, Pohlnisch und Französisch, Zeichnen, Geographie, Natur- und Weltgeschichte, allgemeine Religion und Talmud, auch ließt der Herr D. Hentschel einige physikalische Collegia und zeigt Experimente.
Die Salaria für die Lehrer werden theils aus dem Schulgelde, theils aus einem besonders gestifteten Fond bezahlt.

Die St.-Maria-Magdalenen-Kirche

Hermann Schmeidler

Zu den ehrwürdigsten Denkmälern der Stadt Breslau, an denen die Geschichte von Jahrhunderten vorübergerauscht ist, gehören ihre Kirchen. Sie sind die redenden Zeugen des großen Geistes, der vormals hier geherrscht haben muß, und ob die christlichen Nachrichten aus der Vorzeit zum Theil verloren gegangen seien, ob die noch vorhandnen Urkunden und Chroniken allmälig vom Wurme der Zeit zerfressen werden möchten; so lange diese Pfeiler und Bogen noch stehen, werden die Steine reden und der Nachwelt erzählen von den großen Thaten der vorigen Geschlechter.

Ein solches ehrwürdiges Denkmal alter schlesischer Kunst und alter schlesischer Frömmigkeit ist auch die St.-Maria-Magdalenen-Kirche zu Breslau, berühmt als die erste protestantische Pfarrkirche in Schlesien und als die eigentliche Wiege der schlesischen Kirchen-Reformation, aber auch schon lange vorher, vielleicht seit den Anfängen der Stadt Breslau, bedeutungsvoll genug als deren erste katholische Stadt-Pfarrkirche.

Als Breslauische Stadtpfarrkirche wird die Magdalenen-Kirche schon sehr früh bezeichnet. Im Jahre 1205 hatte sie bereits einen Pfarrer aus der Weltgeistlichkeit mit einer Parochie. Im Jahre 1226 wurde ihre Parochie durch den Bischof Laurentius um die bis dahin der St.-Adalberts-Kirche zugehörige Parochie bereits erweitert, weil diese letztgenannte Kirche damals den Dominikaner Prediger-Mönchen übergeben wurde. Im Jahre 1268 wird bereits die Kapelle zur ägyptischen Marie, oder die Christophori-Kirche (wie gesagt, Filial der Magdalenen-Kirche), damals noch außerhalb der Stadtmauer gelegen, als vorhanden genannt. Im Jahre 1318 erhob sich, jedoch ohne Parochialrechte in der Magdalenen-Parochie die Corporis Christi Kirche (nachmals im Besitze der Johanniter-Ritter), und in einem Ablaßbriefe, der von 12 Bischöfen unter dem Datum: Avinioni 12. Jul. 1342 unsrer Kirche zu Theil geworden ist, wird ausdrücklich die Stadt Breslau die Diöces der Magdalenen-Kirche genannt; denn es heißt darin: „Ecclesie S. Mariemagdalene in urbe Wratislawiensi, que sic dicte ecclesie dioecesis vocatur." Als Breslauische Stadtpfarrkirche stand sie zwar unter der Jurisdiction des hiesigen Bischofs, der in der eben gedachten Urkunde Episcopus Dioecesanus genannt wird, allein ihre Unterhaltungskosten mußte die Bürgerschaft tragen. Daher werden schon im 14. Jahrhunderte Breslauische Bürger als Kirchenvorsteher oder Kirchenväter (vitrici) genannt, von denen wenigstens einer in der Regel ein Eidgenosse des Breslauischen Rathes, oder Schöppenstuhles war, und die für die Unterhaltung (fabrica) der Kirche zu sorgen, also das Kirchen-Aerarium zu verwalten hatten, weshalb auch alle Vermächtnisse, die zur Unterhaltung der Kirche in die Kirchen-Kasse bestimmt waren, den gedachten Kirchenvätern zu Handen der Kirche eingehändigt wurden.

Breslau hat mehrere große Plätze

Karl Julius Weber

Breslau hat mehrere große Plätze, worunter der Große Ring der ansehnlichste ist, auf dem mehr Leben herrscht, als zu Berlin. Hier ist die Hauptwache, der Paradeplatz, der Kränzel-, Blumen-, Gemüß-, Hühner und Fischmarkt. Der Obstmarkt heißt auch Naschmarkt, zum Beweise, wie genügsam die Schlesier sind. An diesen Ring stößt der Salz-Ring, wo die neuerbaute schöne Börse steht. Noch größer ist der Neumarkt, der eigentliche Getreide-, Heu- und Holzmarkt. Mitten auf dem Großen Ringe ist das alterthümliche Rathhaus mit grotesken Abbildungen, z. B. des Teufels, der seine Großmutter auf einem Schubkarren führt, und mehreren alten Gemälden von Willmanns, unter denen Salomons Urtheil und der Richter, dem Cambyses das Fell über die Ohren ziehen läßt, an rechter Stelle sind, wie die guten Bildnisse Friedrichs II., Friedrich Wilhelms II. und III. Die gothische Staupensäule vor dem Hause, mit Ringen und Halseisen, und oben eine Figur mit Ruthen und Schwerdt, ist ein furchtbares Denkmal der alten rohen Justitia, wo viele ihrer Opfer bluteten. Im Rathskeller oder Schweidnitzer Keller wird noch heute gezecht nach alter Väterweise, selbst ein Kaiser soll hier incognito mitgezecht haben, und hierauf sich die angeschriebenen Worte beziehen:

Wenn mancher Mann wüßte, wer mancher Mann wär',
Gäb' mancher Mann manchem Mann manchmal mehr Ehr'!

Der Ring

H. Luchs

Der Ring ist ein großes Viereck, dessen Seiten, zum Theile nach Häuserabzeichen (noch vor 50 Jahren hatten in Breslau etwa 450 Häuser besondere Abzeichen), so heißen: der Naschmarkt im N., die 7 Kurfürstenseite (oder Paradeplatz) im W., die goldene Becherseite im S., die grüne Röhrseite im O. Der Platz gewährt durch seine Größe, seine stattlichen Gebäude, das prachtvolle Rathhaus, mehrere Denkmäler, die zahlreichen Verkaufsbuden und das lebendige Treiben der Menge einen seltenen Anblick. – Naschmarkt N. 47 (Hirt'sche Buchhandlung) besuchen wir die sog. Schwedenhalle, die mit Stückreliefs von meisterhafter Vollendung aus dem Jahre 1633, Scenen aus Gustav Adolphs Kriegsleben und römische Imperatoren darstellend, verziert ist. – Die Häuserreihe gegenüber heißt die Riemerzeile, die aber jetzt die ersten Goldarbeiterläden aufzuweisen hat. – 7 Kurfürstenseite N. 2, das Haus mit den 7 Fensterreihen, ist mit den böhmisch-schlesischen Wappenemblemen am Giebelrande geschmückt. – Nicht weit von hier, Nikolaistr. N. 80 im ersten Stock, ist ein schönes dreitheiliges gothisches Fenster aus dem XIV. Jahrhundert. – Weiter Ring N. 7 ist das Haus, nach dem die Seite benannt wird, einst gelegentlich als Absteigequartier der böhmischen Könige benutzt. Doch sind die vielen verblichenen Malereien außen mit den 7 Kurfürsten und der Kaiserfigur, wenigstens wie sie jetzt sind, erst aus dem XVIII. Jahrhundert. – Auf dem Platze selbst steht ein höchst bedeutendes Kunstwerk: Die Reiterstatue Friedrichs des Großen, von Kiss, einem Schlesier, 1842 von den dankbaren Schlesiern errichtet. – Becherseite 14 zeigt noch einen alten gothischen Giebel, vielleicht aus dem XIV. Jahrhundert. – Grüne Röhrseite N. 30 ist das sog. alte Rathhaus (einst das Absteigehaus der polnisch-sächsischen Könige) mit colossalen Thürornamenten (um 1700 entstanden). Im Hofe sieht man schlesische Wappenstücke und ein Brautpaar in steinernen Brustbildern aus dem XIV. Jahrhundert. – Gegenüber auf dem Ringe steht die interessante 1492 errichtete gothische Staupsäule (Pranger), ein Denkmal einstiger, öffentlicher Stadtjustiz. –

Das Rathaus

Will-Erich Peuckert

Aber genug von den geistlichen Gebäuden, die in denselben Jahrhunderten entstanden, da drüben am Ringe auch das Rathaus wuchs. Es wurde um 1320 begonnen, nachdem sich die Stadt zum ersten Male fühlte, und wurde um 1470 fertiggebaut. Fertig, das heißt zu dem Hause erweitert, das heut noch so dasteht, wie sie es bauten, nur noch mit unwesentlichen Zutaten versehen. Das alte Rathaus besaß einen Giebel, der ostwärts schaute; nun wurden dem mittleren zwei schmälere Giebel an die Seiten gesetzt; am südlichen Ende prangt ein Erker; Bildwerke laufen die Südfront entlang, und Wappen füllen die Kielbogen der Fenster im oberen Stockwerk des südlichen Flügels –, aber was sagen all diese Bemerkungen? Sie lassen vom Leben des Hauses nichts merken. –

Vor zwanzig Jahren noch verriet der Ring an jedem Morgen, daß er ein Marktplatz war; da füllte ihn der Frühmarkt. Die Wagen der Kräuterbauern standen an den Rand geschoben; der Ring selbst war ein buntes Beet von gelben Äpfeln, von teigen Birnen, riesigen roten Beerenkörben, von Gurken, Möhren, Zwiebeln, Knoblauchzehen, von Kürbissen, von saftigem Kopfsalat, dazwischen Garben bunter Bauernblumen eingestreut, und all das jung und frisch vom morgendlichen Tau. Nur mühsam, Schritt um Schritt, von Bauern, Kräuterweibern, von einkaufslustigen Frauen, Neugierigen gedrängt, geschubst, gestoßen, fortgeschoben trieb man durchs Gewühl, in dem die Straßenbahnen zu ersticken drohten; Stadtsekretäre, Lehrer stiegen mürrisch um, Schulkinder drängten, junge Mädchen lachten blaß, und über allem lag ein Dunst von frühem Licht, von Obstgeruch und Zwiebeln, trokkenem Staub und Lärmen. Im leichten Grau des sonnendurchstäubten Morgens aber hob das Rathaus mit seinem Giebel sich in heitere Helle. Es ist mit seinem Gesicht dem Morgen zugewendet; drei Giebel nebeneinander, aus denen sich der mittlere mit den Fialen und dem Maßwerk auf das prächtigste erhebt, – die Uhr an ihm wie eine zweite große Sonne. Vielleicht sagt dieses alles, sagt, was hier an Prangen, an Schönheit und Glanz und Stolz sich aus dem Markt erhebt – als werde das reiche Breslau hier zum steinernen Bild.

Die Vielfalt aller Bedeutungen dieses Hauses war geschwunden; zuletzt wars weder Kauf- noch Richtort mehr, noch Kasse; nicht aber verging die ganze bunte Freudigkeit des Giebels, die heiteren Friese, nicht die kostbaren Erker, die Staupsäule nicht, schrägüber dem

Hauptportal, nicht der den leiblichen Genüssen dienende Schweidnitzer Keller, in dem man den beliebten Schweidnitzer Schöps ausschenkte. Nur die das Rathaus wie verdrückte graue Schwalbennester in einem Schwarm umlagernden Buden hatte man weggerissen – die tags und nachts gern aufgesuchten warmen-Würstelbuden und Pfefferkuchenbuden, Kleinkramstände. Sie gaben doch diesem Hause einst die rechte Farbe, daß es mit ihnen zusammen wie ein ewiger Jahrmarkt blühte.

Fürstensaal und Schweidnitzer-Keller

Julius Krebs

Wer Sinn für die zeugenden Bauwerke eines ehrwürdigen Alterthums hat, wird also zuerst das Rathhaus besuchen. – Die Bauart desselben mit Erkern, Giebeln und dem reichen Bildwerk an den Simsen, deutet auf den Anfang des 14. Jahrhunderts. An den Treppenpfeilern des Haupteinganges gegen Osten sieht man als Relief zwei alte Steinfiguren mit unleserlich gewordenen Umschriften. Die eine stellt den sogenannten Vogtknecht, die andere den Reisigen des Rathes vor. Über dem westlichen Eingange ist das neuere Stadtwappen angebracht, welches 1536 von Kaiser Karl V. verliehen wurde. – Im Innern ist vor Allem der Fürstensaal merkwürdig, der seinen Namen von den ehemals hier abgehaltenen Fürsten- oder Landtagen hat. Am 21sten November 1741 empfing Friedrich II. von Preußen in diesem Saale noch die Huldigung; jetzt ist er zu einem Kanzleilocale herabgesunken.
Auf der Südseite des Rathhauses öffnet der Raths- oder Schweidnitzer-Keller seine altehrwürdigen hohen Bierhallen, wo im Jahre 1392 zum ersten Male das ehemals berühmte schweidnitzer Bier ausgeschänkt wurde, von dem er auch seinen Namen bis heute behalten hat.

Die Staupsäule

Hans Lutsch

Die Staubsäule vor der Ostseite des Rathauses ist ein aus Sandstein 1492 errichteter, etwa 10 m hoher, oben baldachinartiger Bau, auf einem Podium von 3 Stufen sich erhebend. Unten viereckig, geht er oben etwa nach Art von Ciborien mit Auskragung in ein Fünfeck über und schließt mit Krabben-geschmückten Streben, Kreuzblume und einer mit Schwert und Staupbesen ausgestatteten Statuette des Scharfrichters. An dem unteren Teil sind die Ringe erhalten, an welche die Missethäter gebunden wurden. Die Ketten waren noch bis 1848 vorhanden; denn auch nachdem im XVI. Jahrhundert das Hochgericht in die Nähe der Gertrudskapelle verlegt war, wurden die Züchtigungen des Verbrechers zuvor noch an dem alten Platze vorgenommen. Alwin Schultz hat die Ansicht ausgesprochen, daß die Figur ursprünglich ein Rolandsbild vorstellte, daß man aber bei Errichtung der Staupsäule, die Bedeutung desselben, der sich mutmaßlich an derselben Stelle befand, mißverstand und nun den Henker an seine Stelle setzte.

Die Große und Kleine Waage

J. A. Mauersperger

Die große und kleine Waag ist auf dem Ringe,
Bey welcher der, der was zu wägen, sich findt ein.
Die ein hochedler Rat sich bestellt zur Waage
Sind mühsam, dieser steht und wiegt, was man gebracht,
Und jener merket auf, wieviel die Last betrage,
Ein anderer sieht, daß er die Zettel fertig macht.
Wenn man den Schafen hat ihr weiches Kleid genommen,
So findt der Adel sich mit Haufen in der Stadt.
Man sieht das Schäfervolk von allen Straßen kommen,
Daß lange Wolle Säck auf großen Wagen hatt.
Kann man die Wolle nicht alsbald zur Waage tragen,
So kürzt man sich die Zeit mit Bier und Branntewein.

Dort liegt ein Corydon und jauchzt auf seime Wagen,
Hier läßt sein Huinlichen der volle Thyrsis schrein,
Dort hat der Mopsus sich auf einen Sack geleget
Und schläfet, weil er sich berauschet und verwachet.
Hier wird auf einem Platze ein frischer Tanz geheget,
Man hört ein groß Geschrey bey Tag und in der Nacht.

Der Salzring oder Blücherplatz

Karl Julius Weber

Auf dem Salz-Ringe steht jetzt die eiserne Standsäule Blüchers, 130 Centner schwer, von Rauch, das verdiente Denkmal des Mannes, der nicht nur Schlesien, sondern die ganze Monarchie retten half, und der Platz heißt nun Blüchers-Platz. Die Statue ist 10 Fuß hoch – das Ganze 26 Fuß und die Inschrift: „Mit Gott für König und Vaterland, dem Feldherrn Blücher und dem Heere die Schlesier 1813–15." Wie? wenn Friedrich wieder käme, und sich seiner Antwort auf des jungen Husaren-Rittmeisters Schreiben erinnerte: „Der von Jägernfeld, der kein anderes Verdienst hat, als der Sohn des Markgrafen von Schwed zu seyn, ist mir vorgezogen worden, ich bitte um Abschied" – der Antwort: „Der Rittmeister ist seines Dienstes entlassen, und kann sich zum Teufel scheeren." Wie ganz anders wird Friedrich den braven Blücher im Elysium empfangen haben, wo man hoffentlich Nichts mehr von Teufeln weiß, die unser Elysium hienieden zur Hölle machen, und den Rang nach philosophischen Grundsätzen bestimmen wird?

Die drei Baue

Drei Baue stehen in Breslau bevor,
Sie erregen die Neugier der Leute;
Wer für Schönes und Großes den Sinn nicht verlor,
Der wünscht, sie begönnen schon heute.
Und wer nicht von diesen drei Bauen spricht,
Der ist ein ächter Breslauer nicht.

Das Tuchhaus sieht man den Einsturz drohn,
Es geht nicht, daß man's so lasse;
Gebaut muß werden, dies Frühjahr schon,
Doch kein Tuchhaus, nein, eine Gasse.
Wir haben nicht Sinn für Häusliches mehr,
Drum Vivat in Tuchen der Gassenverkehr!

Dem alten Theater gebricht es an Raum
Für der Stadt schaulustige Menge.
Oft lohnt zwar der Abend die Kosten kaum,
Und selten nur giebt's ein Gedränge;
Doch hoffen wir, daß die Bevölkerung steigt,
Wenn ein neuer Tempel Thaliens sich zeigt.

Die Eilf-Tausend-Jungfraunkirche, sie fleht
Seit vierzehn Jahren ums Bauen;
Der Prospect, der auf dem Papiere steht,
Ist gar anmuthig zu schauen;
Denn, was am Nickelsthor nichts mehr nutz;
Das schenkt man dem neuen Kirchlein zum Putz.

Drum, liebe Breslauer, frisch drauf los,
Laßt euch im Bauen nicht stören!
Macht Alles recht luftig und fein grandios,
Nicht braucht ihr auf Tadler zu hören.
Der Mitwelt Meinung – sie ist nicht weit her,
Für die Nachwelt baut man schon lange nicht mehr.

Die Kirche St. Nikolai

J. F. A. Zimmermann

Dieselbe stehet in der Vorstadt vor dem Nikolaithore, und giebt sowohl diesem als jener den Namen. Anfangs wohnten in dieser Gegend, welche überhaupt die Tschepine genannt wurde, meistens Fischer, von denen auch wohl die Fischergasse ihren Namen führt. Diese wählten sich nach damaliger Sitte der Schiffleute den heil. Nikolaus zu ihrem Schutzpatron, erbauten demselben zu Ehren hier eine hölzerne Kapelle, machten solche zu ihrer Pfarrkirche, und traten dem dabey angesetzten Geistlichen einen Theil von ihren Feldern zu seinem Unterhalt ab. Nach der Zeit war diese Kapelle, als sich die Einwohner dieser Vorstadt mehrten, zu klein, auch baufällig geworden. Herzog Boleslaus der Lange, der erste eigene Regent zu Breslau, ließ daher diese hölzerne Kapelle niederreissen, auf die Stelle 1175 die noch gegenwärtig stehende von Steinen erbauen, machte solche zu einer ordentlichen Pfarrkiche, und bestättigte dem Pfarrer theils die alten theils einige aufs neue dazu geschenkte Feldmarken, woraus nun auch die Widmuth entstand.

Die Kirche ist nach alter Bauart gleichsam in zwey Gebäude abgetheilt, wovon das hinterste, welches inwendig das Presbyterium ausmacht, niedriger und kleiner als das vordere ist. Das Merkwürdige darinnen sind einige Gemälde von Willmann. An der Abendseite der Kirche, die zugleich das Frontispitz derselben ist, befindet sich ein Thurm, welcher blos ein Regendach von Ziegeln hat.

Rings um die Kirche ist ein geräumiger mit einer Mauer eingefaßter Kirchhof, welcher den hieher eingepfarrten Katholicken aus dieser Vorstadt und einigen Dörfern, theils auch Lutheranern zum Begräbniß dienet. Ein Pfarrer nebst zwey Kaplänen, so sämmtlich Weltliche sind, besorgen die gottesdienstlichen Geschäfte, und ersterer hat zugleich die Niedergerichte auf der zu dieser Kirche gehörigen bischöflichen weltlichen Jurisdiction.

St. Elisabeth

J. C. H. Schmeidler

Nordwestlich vom großen Marktplatze der Stadt Breslau, dem Ringe, und mit demselben durch die Pforte ihres Friedhofes unmittelbar verbunden erhebt sich die evangelische Haupt- und Pfarrkirche zu St. Elisabeth.

Sie nimmt durch die Großartigkeit ihrer Massen, besonders ihres gewaltigen, auch in seinem verstümmelten Zustande noch immer ansehnlichen Thurmes, so wie durch die Reinheit ihres Baustils und durch den Werth ihrer Kunstdenkmäler, als kirchliches Bauwerk unter den zahlreichen Gotteshäusern der Hauptstadt Schlesiens wohl den ersten Rang ein, steht unter dem Patronate des Magistrats und gilt nächst der älteren Stadt-Pfarr-Kirche zu St. Maria Magdalena als eine der ältesten Pflanzstätten des Christenthums im eigentlichen Stadtgebiete. Da sie den größesten Theil des Ringes mit dem auf demselben gelegenen Rathhause in ihr die ganze westliche Hälfte der Stadt umfassendes Pfarrgebiet schließt, so hielt sich der Rath der Stadt Breslau von Alters her noch besonders zu ihr eingepfarrt und die Patrizier-Geschlechter der Stadtgemeine besaßen in ihr ihre Altäre, Kapellen, Kirchstände und Grüfte. Seit den Zeiten der Reformation aber, besonders nach Vereinigung der Kirchen- und Schulen-Inspection mit ihrem Pfarramte, sowie nach Errichtung des evangelischen Stadt-Consistoriums und des Königl. Preußischen Ober-Consistoriums erstreckte sich das geistliche Aufsichtsrecht der Pfarrer von St. Elisabeth als Kirchen- und Schulen-Inspectoren über die evangelische Bevölkerung nicht bloß der Stadt Breslau, ihrer Vorstädte und Dorfschaften, sondern des ganzen Fürstenthums Breslau, den Neumarkter, Kanthner und Namlauer Kreis mit eingeschlossen, des Fürstenthums Trachenberg, Prausnitz, der freien Standesherrschaften Wartenberg, Militsch und Goschütz, der freien Herrschaft Freyhan, der freien Minder-Herrschaft Sulau. In diesen Zeiten empfing am Hochaltare der Elisabeth-Kirche ein großer Theil der evangelischen Geistlichkeit Schlesiens die Weihe zum geistlichen Amte, und war sie gewissermaßen die Kathedrale der Evangelischen für ganz Schlesien.

Der Neptunbrunnen

Hans Lutsch

Brunnen auf dem Neumarkte aus dem XVIII. Jahrhundert. Aus einem etwas schwerfälligen Becken erhebt sich ein schlanker Aufbau. Derselbe wird von je zwei Jünglingen und Jungfrauen getragen, welche unten in Fischleiber endigen. Sie stützen ein Muschelbecken, aus welchem sich ein gedrungener, mit consolartigen Vorlagen besetzter Schaft erhebt, auf dessen verkröpftem, gebälkartigen Oberteil wasserspeiende Delphine ruhen, während ein Neptun in Lebensgröße den Aufbau nach oben abschließt. Die Behandlung des Einzelnen erinnert lebhaft an den aus gleicher Zeit stammenden schönen Brunnen auf dem Rossmarkte zu Stettin in Rococoformen, hinter dessen liebenswürdiger Silhouette der Neumarkts-Brunnen, nach dem Neptun im Volksmunde „Gabeljürge" genannt, weit zurück steht, abgesehen von der für den bedeutenden Markt (etwa 1,5 ha) geringen Größe. Das aus Sandstein von einem Vorfahren des Grafen Königsmark auf Lohe bei Breslau hergestellte Denkmal wurde, da es sehr verwittert war, 1874 erneuert.

Die Universität

Aus „Führer durch Breslau ..."

Die Universität, am Universitätsplatz, ist den ganzen Tag geöffnet. Zur Besichtigung der Aula Leopoldina ist Meldung beim Oberpedell erforderlich. Das Gebäude der Universität kommt zur vollen Geltung nur von der nördlichen, der Oderseite aus betrachtet. Durch das in der Universität befindliche sogenannte Kaiserthor wälzt sich der Verkehr von der inneren Stadt über die Universitätsbrücke nach der Odervorstadt.

Das Hauptportal führt von dem Universitätsplatz in den Sternwartenthurm, rechts von diesem im Erdgeschoß der Musiksaal mit ausgezeichneter Akustik. Eine Stiege höher die berühmte Aula Leopoldina, in welcher die akademischen Feste: Kaisers Geburtstag und die Ein-

führung des Rectors gefeiert werden. Sie vermag etwa 1200 Personen zu fassen. Im Großen und Ganzen ist sie in der ursprünglichen Form erhalten, wenn sie auch unter ungeschickten Renovationen gelitten hat. Ihr bildlicher Schmuck spiegelt die Geschichte der Universität wider. Die Universität ist eine der größten Deutschlands.
Selbst das voll ausgebaute Universitätsgebäude würde aber nicht gereicht haben oder genügen, der Weltweisheit ein ausreichendes Heim zu bieten. Universitäts-Institute und Sammlungen sind weithin über die Stadt verstreut. In dem Universitätsgebäude selbst befindet sich von größeren Sammlungen nur das über der Aula Leopoldina gelegene Zoologische Museum. Im Osten lehnt sich an die Universität das neu erbaute chemische Institut an. Weiter folgt ein Gebäude mit dem pharmazeutischen Institut und dem Mineralogischen Museum. Neuerdings endlich ist eine lebhafte Agitation im Gange, um der Universität eine technische Hochschule anzugliedern. Bei dem ausgesprochenen Mangel an technischen Hochschulen im Osten Preußens erscheint Breslau als der geeignetste Ort für solch eine Hochschule.

Die Sandkirche

H. Luchs

Die einst berühmte Dombrücke führt uns auf die Sandinsel und in das Hauptdenkmal derselben, die Sandkirche (eine Marienkirche) (Glöckner Sandstr. N. 6.). Sie ist ein grossartiger, kühn und leicht emporstrebender, herrlicher Bau aus der Mitte des XIV. Jahrh., der besonders im Innern von schönster Wirkung ist. Die Seitenschiffe haben merkwürdig complicirte, mit ihren Scheiteln springende Gewölbe, wie sie auch die Kreuzkirche und etwas einfacher die Minoritenkirche hat. Die Consolen für die Gewölbanfänge sind höchst mannigfaltig mit Engelsgestalten verziert, und an den Mittelpfeilern sind schöne, grosse Consolen mit alttestamentalischen Brustfiguren und prächtigen Baldachinen, unter denen aber die Statuen fehlen. Zu erwähnen ist noch das aus der ersten in der Mitte des XII. Jahrhunderts erbauten Peter Wlastschen Kirche stammende, später hier als Sturz über der einen Sakristeithür eingemauerte Bogenfeld, ein Votivbild in Steinrelief, die

Stiftung der Kirche durch Maria, die Gemalin Peters, und Swentoslaus ihren Sohn darstellend, eines der ältesten Sculpturwerke, die Breslau besitzt; ferner den kostbaren, fein gearbeiteten, marmornen Grabstein des Abtes Bartholomäus Fuchs († 1620) in der Nähe des Hochaltars, und endlich den Taufstein (um 1500). Die barocke Ausstattung des Innern ist aus dem Ende des XVII. und dem XVIII. Jahrhundert. – Mehrere Willmanns.

Brennende Türme

Hugo Hartung

Die Sandkirche brennt. Das ist böse Wirklichkeit. Das breit gelagerte Gotteshaus ist zu einem Ofen geworden, geheizt von kostbar bemalten Leinwänden, vom barocken Schnitzwerk der Altäre, der Kanzeln und Gestühle, von Orgelpfeifen und heiligem Gerät. Nur der massige, viereckige Turm steht finster schweigend. Er rührt keine Glocke zum Hilferuf. Wenige hundert Meter entfernt brennt auch der Dom.

Nur die dritte, die mittlere aus der Dreiheit der Inselkirchen, die Kreuzkirche, blieb bisher von den Flammen verschont. Das Wehen und Lohen auf ihren Backsteinwänden ist der Widerschein vom Untergang der Schwesterkirche. Die Kräftigen erliegen der Feuerseuche zuerst. Maria auf dem Sande, die Rustikale, so fest sie im Boden ihres eigenen Inselchens zu wurzeln schien, ist die anfälligste gewesen.

Und was hilft es jetzt dem Dom zu Sankt Johannes, daß sich einst der Gottesstadt im Bannkreis seiner Türme selbst Kaiser nur zu Fuße nahen durften – ein Mann aus Dnjepropetrowsk oder der tungusischen Steppe drückt auf einen Hebel, weil er in einem Feuermeer unter sich ein winziges, ausgespartes Fleckchen sieht.

Dieses Fleckchen ist der Bischofsdom zu Breslau. Vielleicht haben die Bomben, die ihn trafen, fromme schlesische Katholiken gefertigt. Sie brauchen es nicht mehr in ihm zu beichten. Auch die Beichtstühle brennen.

Der Atem der beiden Menschen, die Hand in Hand gehen, wird ruhiger. Sie haben wieder Zeit, sich anzusehen. Ihre Gesichter sind ver-

dreckt und verschmiert. Reginas Augenbrauen kräuseln sich versengt, Rönnigs Haar ist mit Asche bepudert.
„Dort kommen wir durch", sagt der Soldat und deutet nach Osten, wo hinter dem Dom der Himmel nicht so grellrot von hochschlagenden Flammen ist wie im Westen.
Aber der Dom läßt sie nicht durch. Er legt eine Feuerbarriere vor ihre Füße. Er bläst ihnen seinen heißen Atem ins Gesicht. Seine Türme brennen. Aus allen Luken und Schallöchern knallen die Flammen. Wer wußte je, daß steinerne Türme so brennen können? Auch die Türme brennen wie Heu.
Die beiden Menschen sind zuletzt auf einem andern Weg geflohen als die Tiere, denn sie haben das verendende Pferd nicht gefunden. Also ist ihr Weg der falsche gewesen. Aber sie können ihn nicht mehr zurückgehen. Sie müssen auf der Insel bleiben, weil nur das Wasser sie schützen kann.
Noch läßt der Anblick des brennenden Doms sie nicht los. Das Gotteshaus ist voll Größe und Weihe auch im Untergang. Ein wunderbares Glühen ist hinter dem Maßwerk der geborstenen Fenster. Eine schwere Glocke wummert mit leisem Klageton. Mit einem dumpf stöhnenden Laut schlägt in großem Abstand ihr Klöppel an. Als prasselnd altes Gebälk niederstürzt, schießt eine Funkengarbe hochauf.
Und eine ungreifbare Melodie ist über allem. Als wenn der heiße Feuerwind drinnen durch Orgelpfeifen führe und Töne hervorbrächte, ein Requiem, das der hohe Dom seinem Sterben sänge.

Die Kreuzkirche

Fr. Reiche

Dieses alte ehrwürdige Gebäude verdankt sein Daseyn dem Herzoge Heinrich IV. von Breslau. Ein bleibendes Denkmal seiner Reue und Sinnesänderung erbaute er diese Kirche dicht unter den Mauern des damaligen herzoglichen Schlosses und beschenkte sie zufolge der Stiftungs-Urkunde vom 3. Januar 1288 reichlich. Der Heilige, dem er sie bestimmte, war Bartholomäus; bei der Legung des Grundsteins fand man jedoch in der Erde eine Wurzel von so natürlicher Aehnlichkeit

mit dem Kreuze und den gewöhnlich daran angebrachten Figuren, daß Heinrich darin einen Wink des Himmels erkannte und die Kirche der Ehre des heiligen Kreuzes zu weihen beschloß. Um indessen dem heiligen Bartholomäus seinen Antheil daran nicht zu entziehen, ließ er ihm eine unterirdische, dem Kreuze die darüber befindliche Kirche erbauen. In der ersten wurde nur jährlich am Bartholomäus-Tage Gottesdienst gehalten. Das zur Kirche gehörige Kollegiatstift versah der Herzog mit fünf Prälaten und zwölf Kanonikern.
Beide Kirchen standen bis zum dreißigjährigen Kriege, ohne irgend einen Unglücksfall zu erleiden; aus dem fernen Schweden sollte die Verwüstung über sie ergehen. Im August 1632 nahmen die Schweden von der Dominsel Besitz und 600 Mann Infanterie und 1000 Reuter verblieben hier bis in das Jahr 1634. Die obere Kreuzkirche wurde zum evangelischen Gottesdienste benutzt, die untere Bartholomäuskirche aber ausgeräumt und zum Pferdestall eingerichtet. Seitdem liegt die letztere öde und wüst und ist ihrer ursprünglichen Bestimmung nicht wiedergegeben worden.
Das Gebäude der Kirche hat die Form des Kreuzes, dem sie geweiht ist. In die obere Kirche führen von zwei Seiten steinerne Stiegen mit eisernen Geländern. Sie ist sehr hell, hoch und geräumig. Das mittlere Gewölbe ruht auf starken Pfeilern, die wieder auf den noch stärkeren Pfeilern der untern Kirche aufliegen. Im Hintergrunde befindet sich das Presbyterium, in welchem die Sitze der Domherren und Vikarien, in der Mitte aber das aus Thon gebrannte kunstreiche Grabmal des herzoglichen Stifters, einer der merkwürdigsten Ueberreste des Alterthums. Der Herzog liegt in einem Panzerhemde, in einem mit schlesischen Adlern besetzten Rocke und in einem Hermelin-Mantel oben darauf, in der Rechten hält er das Schwert, in der Linken sein Wappen, den Adler; sein Haupt bedeckt ein Fürstenhut. Unten sind in verschiedenen Abtheilungen Gruppen von Figuren angebracht, die alle eine tiefe Traurigkeit äußern. Eine Inschrift eignet dieses Grabmal Heinrich IV., gestorben in der Blüte des Alters, zu.
Das Altarbild stellt eine trefflich gearbeitete Erhebung des Kreuzes dar. Zwei mit Altären versehene Seitenkapellen, einander gegenüber, geben der Kirche die Gestalt des Kreuzes. In der rechten ist ein großes von Kynast gemaltes Altarblatt, eine Geschichte aus dem Evangelium der Kindheit Christi darstellend. Auf der Flucht nach Aegypten überfiel die heiligen Reisenden ein gewaltiger Durst; sie fanden einen Kirschbaum ohne Früchte, aber bei der ersten Berührung waren seine Zweige voll. Joseph reicht dem Kinde eine Menge derselben, während Maria eine Schale ausgießt. Maria ist vorzüglich lieblich, das Ganze

macht einen stillen freundlichen Eindruck. Das Altarblatt gegenüber, von demselben Maler, versinnlicht eine abscheuliche Scene. Ein Heiliger, in Banden lebendig aufgehängt, wird von einem Henker mit einem glühenden Eisen in der Seite durchbohrt; ein barbarischer Römer sitzt dabei und feuert den Peiniger an.
In dem hintern Seitengange sieht man das schlecht gemalte Bild des Herzogs Heinrichs IV.; in der Halle gegen Mittag aber hängt das Bein eines Riesen, das beim Graben des Fundaments gefunden worden seyn soll. In der Sakristei verwahrt man das Untertheil von der schon gedachten Wurzel; das Obertheil, ein förmliches Kreuz, soll im dreißigjährigen Kriege verloren worden seyn.
Als man im Jahre 1803 die Altäre zu beiden Seiten des Presbyteriums abbrach, fand man unter dem linken, dessen Stifter der Domherr von Leudenrode gewesen, einen unverwesten Leichnam in geistlicher Tracht. Auch auf der rechten Seite wurde ein vertrockneter Leichnam ausgegraben, dessen Sarg und Kleidung ganz zerfallen waren. Beide Altäre sind durch neuere und prächtigere auf Kosten des Archidiakonus von Strachwitz ersetzt. In der Nähe dieser Altäre befindet sich das Denkmal des berühmten Georg von Saurmann. Als Gelehrter und Staatsmann zu seiner Zeit eine große Rolle spielend, stand er an den Höfen dreier Päpste in hohen Ehren, war wohlhabend und wurde von den größten Gelehrten seines Jahrhunderts geschätzt, als ihm bei dem Einfallen der Truppen Karl V. in Rom sein ganzes Eigenthum geraubt wurde, so daß er von Haus zu Haus betteln gehen mußte, und endlich, im Alter von 31 Jahren, auf einer Straße in Rom an der Pest verschied.
Von außen ist die Kirche mit einem schlanken Spitzthurme geziert, den im Jahre 1800 das Wetter zu zerschmettern drohte. An der entgegengesetzten Seite bemerkt man die Anlage zu einem zweiten, der jedoch nicht ausgeführt worden ist. Im Jahre 1523, am Tage Jakobi, fiel bei heiterem Himmel der Knopf vom Thurme herab; ein Ereigniß, das man in jener Zeit der Kirchen-Reformation für eine Vorbedeutung hielt. Der jetzt darauf befindliche Knopf wurde im Jahre 1724 aufgesetzt. – An einem Giebel der Kirche sieht man einen Vogel, angeblich eine Dohle, und der Sage nach ein Zeichen, daß einst ein Knabe, der auf dem Gipfel der Kirche ein Nest dieses Vogels habe ausnehmen wollen, unbeschädigt herabgestürzt sey. Die Figur soll indeß wahrscheinlich den uralten polnischen Adler bedeuten, der mit aufgerecktem Kopfe und Halse, ausgebreiteten Flügeln und Schwanz, noch auf mehreren alten Schildern und Grabmälern zu sehen ist.
Vor der Kreuzkirche steht die Statue des heiligen Nepomuck, Beichtvater der Königinn Johanna von Böhmen. Sie ist aus Sandstein von

dem Breslauer Bildhauer Johann George Urbanski gearbeitet, im Jahre 1732 aufgestellt und 1767 ausgebessert worden. Die Statue hat vier Seiten, auf deren jeder eine Scene aus der letzten Zeit des Heiligen zu sehen ist. Oben steht er selbst in Lebensgröße.

Der Dom

Aus „Borussia"

Unter den katholischen Kirchen steht der alte Dom zu St. Johann oben an, von 1148 bis 1170, ursprünglich mit 4 Thürmen, nach dem Muster des Domes zu Rouen in Frankreich, durch den Bischof Walther I. auf seine und des Domkapitels Kosten erbaut, und 1512 vom Bischof Thurso mit kupfernem Dache versehen. Der fürstbischöfliche Palast, die 12 Kurien der Domherren und das Gebäude der Vikarien umgeben den Dom. Der Hochaltar ist von Silber und ein Geschenk des Bischofs Jerin, vom breslauer Goldarbeiter Paul Nitzsch für 10000 Thaler 1591 verfertigt. Auch das Tabernakel ist von Silber in Augsburg von Fessenmaier für 14890 Gulden gemacht, und enthält einige Reliquien. An den Säulen des Schiffes fallen die 12 Apostel von Meinardis Pinsel in die Augen, so wie über der Marmorkanzel ein Christuskopf von demselben Meister den Blick auf sich zieht. Die Seitenschiffe und die 14 anstoßenden Kapellen, namentlich die Kapelle der h. Elisabeth, die Mansonarienkapelle und die kurfürstliche Kapelle, vom Kurfürst Franz Ludwig von Mainz und dem Bischof Bruno 1727 vollendet, bewahren schöne Gemälde von alten Meistern und mancherlei andre Kostbarkeiten. Außerdem besitzt die Kathedrale noch einen großen Reichthum an kostbarem Kirchengeräth, an silbernen Lampen, goldnen Monstranzen und dergleichen.

Das Innere des Doms nach dem Wiederaufbau

Heinrich Trierenberg

Das Innere des Domes war Ende des 17./Anfang des 18. Jahrhunderts durch Barockisierung stark verändert worden. Beim Wiederaufbau 1946–53 wurde durch Professor Bukowsky – später Inhaber des Lehrstuhls für Geschichte der Baukunst an der Technischen Hochschule in Breslau – das gotische Raumbild wiederhergestellt. Der Chor des hohen Mittelschiffs erhält aus dem Ostfenster mit zartem Maßwerk blauviolett- und orangegelbgetöntes Licht. Die Chorfenster schuf der Krakauer Künstler Tadeusz Wojciechowski, die übrigen Fenster sind Arbeiten von S. u. K. Pikalski und A. Michalek. Ein erheblicher Teil der Kosten des Wiederaufbaues wurde von der neuangesiedelten Bevölkerung aufgebracht. Von der alten Ausstattung sind u. a. erhalten: die Kanzel aus graublauem Marmor von dem Bildhauer Johann Adam Karinger (Stiftung des Domdechanten Graf Frankenberg), in der ersten Kapelle des südlichen Seitenschiffs ein Kruzifix von Michael Pacher aus Südtirol (Altar in Sterzing), auf der großen Chorschranke wurden 1953/54 die Standbilder links des hl. Hieronymus, rechts des Papstes Gregor wieder aufgestellt, die Standbilder des hl. Augustinus und hl. Ambrosius kamen in die Pfarrkiche von Stezyca bei Warschau. Ebenfalls alt ist am rechten, ersten Presbyteriumspfeiler der Vinzenz-Altar mit einem Bronzerelief von Adrian de Vries. Das barocke Chorgestühl von dem Breslauer Tischlermeister Franz Motsch stammt aus der Vinzenz-Kirche und entging dem Brand durch Auslagerung, seine Vollplastiken schuf Franz Zeller (1662–65). Sie unterscheiden sich von den Reliefs an der Rückwand durch ihre höhere künstlerische Qualität. Der gotische holzgeschnitzte Hochaltar – anstelle des früheren Renaissance-Kunstwerkes – stand früher in der evangelischen Kirche in Lüben (ein zweiter Altar von dort heute im Nationalmuseum, vgl. Irmler „Das Jesuskind fliegt nach Breslau"). Im südlichen Seitenschiff am schmiedeeisernen Gitter Klingel zum Einlaß in den Chorumgang. Rechts ein reich verziertes Sakristeiportal, 1517 von Bischof Johann V. Thurzo gestiftet, erstes bedeutendes Renaissance-Werk in Schlesien (Relief der Enthauptung Johannes des Täufers und des knienden Stifters). Daneben Grabmal des letzten im Dom beigesetzten Fürstbischofs Georg Kardinal Kopp (1887–1914). Am Quergang hinter dem Chor drei Kapellenanbauten, jede zählt in ihrer Stilreinheit zu den künstlerischen Meisterleistungen in Breslau. Die Elisabethkapelle ist „ein Stück Italien in Breslau" und zeugt für die Pracht- und Kunstliebe ihres Stifters Friedrich Landgraf von Hessen, seine Büste befindet sich über der kunstvollen Eisengittertür des Eingangs. Er hatte zehn Jahre in Italien gelebt, war jung in Rom zum Katholizismus übergetreten und begeistert vom italienischen Barock zurückgekehrt. Von dort holte er sich den Baumeister Giacomo Scianzi, einen Malerarchitekten, der die Kapelle prunkvoll ausstattete (1680 bis 1700). Seine Fresken in den Zwickeln und in der Kuppel wurden Anfang unseres Jahrhunderts von dem Breslauer Maler Linke aufgefrischt, 1985 begann eine erneute Restaurierung. Die Wände sind durchweg mit schlesischem Marmor verkleidet, Gurte und Gesimse aus reich verziertem Stuckmarmor. An der Nordwand sieht man ein großartiges Grabmal mit der lebensgroßen Figur des Kirchenfürsten, der auf einem Kissen kniet, weißer Marmor, geschaffen von Domenico Guidi. Der Bischof blickt auf den Altar seiner Ahnfrau, der hl. Elisabeth (als verwitwete Landgräfin von Thüringen jung in Marburg gestorben), Nichte der hl. Hedwig. Die zarte Marmorgestalt von Ercole Ferrata wird weich von einem Licht getroffen, dessen Herkunft die seitlich des Altars schwebenden Engel verdecken. Die Heilige im Ordenskleid des hl. Franziskus und im Fürstenmantel schwebt auf einer Wolke, aus der Engelsköpfe hervorragen.

Der Scheitniger Park

Aus „Führer durch Breslau ..."

Dieser schöne städtische Park liegt im Osten der Stadt rechts der Oder und der alten Oder ... Sein ältester Theil ist der nördlich gelegene, der sich um die Parkrestauration herum gruppirt. Dorthin führt eine Linie der Pferdebahn und eine der elektrischen Bahn. Auch mit Benutzung eines der stromaufgehenden Vergnügungsdampfer bis zum Zoologischen Garten kann man ihn erreichen, wenn man die längere Fusswanderung um den Rennplatz (für Pferderennen) herum nicht scheut. Am meisten wird es sich empfehlen, mit der Droschke oder der Pferdebahn bis zum Zoologischen Garten zu fahren, wobei man die breit angelegte Thiergartenstrasse entlang fahrend, rechts einen Blick auf die Lutherkirche und weiter hinaus links auf das mächtige Häuserviertel der Königlichen Kliniken werfen kann, auch fährt man zum Schluss über die neue steinerne, auch dem grössten Verkehr, wie er hier z. B. an Renntagen herrscht, gewachsene Passbrücke, welche die „alte Oder“ ohne Zwischenpfeiler überspannt. Wenn man hinter dieser Brücke absteigt, wird man noch die Schleuse bemerken, welche die Schiffe aus der Haupt-Oder in die „alte Oder“ hinunterlässt – oder umgekehrt.

Wir nehmen nun unseren Weg hinunter zu dem Nadelholzgebüsch mit der im Jahre 1898 aufgestellten Diana-Statue von Ernst Seger, Charlottenburg, lassen den Rennplatz rechts liegen, überschreiten die Schwoitscher Chaussee und folgen dann den Krümmungen der reizvoll angelegten Wasserfläche, bis uns wieder nach dem Ueberschreiten einer Fahrstrasse aus dem prächtigen alten Laubwerk heraus die Schweizerei, das vielbesuchte Restaurant des Scheitniger Parkes, entgegenwinkt. Zur Rückfahrt nach der Stadt wird man zweckmässig die elektrische oder Pferdebahn von den unfern der Restauration liegenden Endstationen aus wählen.

Wenn wir uns vor der Schweizerei einen Platz an der Wilhelm-Wiese mit dem wohlgepflegten Rasenteppich gewählt haben, schauen wir vor uns eine hohe Säule mit dem Standbild Friedrich Wilhelm II., das uns an die wechselvolle Geschichte des Parkes gemahnt. Die Säule ist von dem damaligen Besitzer dieses Theiles des Parkes, des sogen. Fürstengartens, dem Fürsten von Hohenlohe-Ingelfingen zu Ehren seines Königs und Gönners errichtet worden. Jener Fürst Hohenlohe ist der eigentliche Schöpfer des Parkes, da er sich von der Stadt, welche schon seit Jahrhunderten den Scheitniger Wald besass, die Erlaubniss auswirkte, denselben durch Gänge ausbauen zu dürfen, und seinen Fürstengarten durch Anpflanzungen mit dem Walde in Verbindung setzte. Seine Glanzzeit erlebte Scheitnig im September 1790, wo König Friedrich Wilhelm II. als Gast des Prinzen in dessen Scheitniger Villa verweilte; in seiner Gesellschaft befand sich auch der Herzog Karl August von Weimar und Goethe. Der liebenswürdige Fürst gewährte auch dem Breslauer Publikum den Mitgenuss seiner Anlagen. Dieses lohnte ihm aber mit Undank, es zerritzte ihm seine Marmortische, zerschnitt die vielen aufgestellten Statuen u. s. w. Auch hatte dasselbe für die antiken Statuen wenig Verständnis. „Den sterbenden Gallier mit dem Halsring hielt man für den Schulzen von Kawallen, der wegen eines Verbrechens gehängt worden war, die mediceische Venus für seine Geliebte; in dem Laokoon glaubte man einen früheren Besitzer des Gartens zu erkennen, der sich mit seinen Söhnen im Schwarzwasser gebadet hatte und zur Strafe von Schlangen aufgefressen wurde." Die Schlacht von Jena im Jahre 1806, deren unglücklicher Ausgang dem Fürsten zur Last gelegt wurde, setzte den frohen Festen in Scheitnig ein Ziel. Im December erschien das französische Belagerungsheer vor Breslau, die feindlichen Truppen biwakirten im Scheitniger Park; die idyllischen Hütten, die griechischen Tempel wurden zu Wachtfeuern verbraucht u. s. w. Die Scheitniger Besitzungen des Fürsten kamen 1815 zur Subhastation. Erst im Jahre 1854 wurde der Fürstengarten von der Stadt erworben, die seitdem unablässig um die Verschönerung und Erweiterung des Parkes bemüht gewesen ist.

Von und über Breslauer Berühmtheiten

Etliche von Lieb angegosene Schreiben

Samuel von Butschky

Meine Schöne /
Wenn Amor selbst / von dero herzblendenden Schönheit gefangen; was sol ich denn / mit meinen Augen / welche mich / in Ihr so viel zu sehen / zuverwundern anreitzen / anfahen? Mich / einen Liebhaber zu nennen / ist viel zu geringe / um meiner Liebe Heftigkeit auszusprechen; einen Verwundten zu seyn bekennen / seyn auch / wegen der / gegen Sie hertzlich tragenden Zuneigung / viel zu wenige Worte: Sie gleube mier / daß / gleich wie sie vollkommen / Ich eben desgleichen zu Ihren Diensten geneigt und zugethan bin/ verbleibende

Dero

beigethaner Diener.

Lieben und nicht wieder geliebt werden / ist nichts anderes / als ohne Hoffnung leben / und schlüssig absterben: denn die Hoffnung des Lebens angenehmste Nahrung ist. Hat sie nun aber meinen Tod / und / alle meine Dienste verwerfend / die schandlose Vergessenheit / vor eine Wiedererstattung / mier zuzufügen / bei ihr beschlossen; so wehre dieses / von einer so schönen Dame / eine allzugroße Grausamkeit / welches Sie auch eines Tages / aber alzu spaht / zu ihrer Bereuung / erkennen und bekennen wird / als zu der Zeit / wenn auf der Erden nicht mehr zu finden /

meiner ehrengeliebten Jungfrau

doehmütigster Diener.

Morgenlied

Martin Opitz

O Licht, geboren aus dem Lichte,
O Sonne der Gerechtigkeit,
Du schickst uns wieder zu Gesichte
Die angenehme Morgenszeit.
Drum will uns gehören,
Dankbarlich zu ehren
Solche deine Gunst;
Gib auch unsern Sinnen,
Daß sie sehen können
Deiner Liebe Brunst.

Laß deines Geistes Morgenröte
In unsern dunkeln Herzen sein,
Daß sie mit ihren Strahlen töte
Der eitlen Werke kalten Schein.
Siehe, Herr, wir wanken,
Tun und auch Gedanken
Gehn auf falscher Bahn.
Du wollst unserm Leben
Deine Sonne geben,
Daß es wandeln kann.

Verknüpfe mit des Friedens Bande
Der armen Kirche schwache Schar,
Nimm weg von unserm Vaterlande
Verfolgung, Trübsal und Gefahr.
Laß uns ruhig bleiben,
Unsern Lauf zu treiben
Diese kleine Zeit,
Bis du uns wirst bringen,
Wo man dir soll singen
Lob in Ewigkeit.

Aus „Cherubinischer Wandersmann“

Angelus Silesius (Johannes Scheffler)

Du mußt, was Gott ist, sein

Soll ich mein letztes End und ersten Anfang finden,
So muß ich mich in Gott und Gott in mir ergründen
Und werden das, was er: ich muß ein Schein im Schein,
Ich muß ein Wort im Wort, ein Gott in Gotte sein.

Zufall und Wesen

Mensch, werde wesentlich; denn wann die Welt vergeht,
So fällt der Zufall weg, das Wesen, das besteht.

Die Unruh kommt von dir

Nichts ist, das dich bewegt, du selber bist das Rad,
Das aus sich selbsten lauft und keine Ruhe hat.

Auch unter Dornen blühen

Christ, so du unverwelkt in Leiden, Kreuz und Pein
Wie eine Rose blühst, wie selig wirst du sein!

Der geistliche Krebsgang

Mensch, senke dich herab, so steigest du hinauf;
Laß ab von deinem Gehn, so fängt sich an dein Lauf.

Der Welt Tun ist ein Trauerspiel

Freund, gönn es doch der Welt; ihr geht's zwar, wie sie will,
Doch ist ihr ganzes Tun nichts als ein Trauerspiel.

Die Welt

Christian Hofmann von Hofmannswaldau

Was ist die Lust der Welt? nichts als ein Fastnachtsspiel,
So lange Zeit gehofft, in kurtzer Zeit verschwindet,
Da unsre Masquen uns nicht haften, wie man will,
Und da der Anschlag nicht den Ausschlag recht empfindet.
Es gehet uns wie dem, der Feuerwercke macht,
Ein Augenblick verzehrt offt eines Jahres Sorgen;
Man schaut wie unser Fleiß von Kindern wird verlacht,
Der Abend tadelt offt den Mittag und den Morgen.
Wir Fluchen offt auf dis, was gestern war gethan,
Und was man heute küst, mus morgen eckel heissen,
Die Reimen die ich itzt geduldig lesen kan,
Die werd ich wohl vielleicht zur Morgenzeit zerreissen.
Wir kennen uns, und dis, was unser ist, offt nicht,
Wir tretten unsern Kuß offt selbst mit steiffen Füssen,
Man merckt, wie unser Wuntsch ihm selber wiederspricht
Und wie wir Lust und Zeit als Sclaven dienen müssen.
Was ist denn diese Lust und ihre Macht und Pracht?
Ein grosser Wunderball mit leichtem Wind erfüllet.
Wohl diesem, der sich nur dem Himmel dienstbar macht,
Weil aus dem Erdenkloß nichts als Verwirrung quillet.

Die öffentliche Meinung

Christian Garve

Aus Frankreich, von wo uns so manches Gute und Böse zugeführt worden ist, stammen auch der Begriff und das Wort öffentliche Meinung (opinion publique) her.
Nicht daß die Franzosen, im eigentlichen Verstande, Erfinder davon seyn könnten. Wie wäre es möglich, daß eine Sache, die zu allen Zeiten vorhanden gewesen ist, und die so offenbar vor Augen liegt, erst so spät und von einer einzigen Nation wäre bemerkt und ausgedrückt

worden? – Die Meinung, worin viele Menschen übereinstimmen, noch mehr die, welche dem größten Theile der Bürger eines Staats gemeinschaftlich ist, hat von je her eine gewisse Gewalt geäußert, die Denkungsart der übrigen zu leiten. Man hat also auch, mehr oder weniger, auf diese Übereinstimmung aufmerksam werden, und ihr irgend einen Rahmen geben müssen, um davon reden zu können. Aber das neue Epithet, öffentlich, mit welchem zu unsrer Zeit das, was ehedem gemeine oder herrschende Meinung hieß, bezeichnet wird, – ein Epithet, wodurch der Gegenstand mit allem dem, was öffentlich ist, das heißt, was zur Regierung des Staats, oder der öffentlichen Sache gehört, in nähere Verbindung zu treten scheint, die Eigenthümlichkeit dieses Ausdrucks, als eines Kunstworts, wodurch die Aufmerksamkeit auf den Gegenstand mehr hingezogen wird; – endlich die mit diesem Ausdrucke zugleich entstandne Gewohnheit, die öffentliche Meinung als ein unsichtbares Wesen von großer Wirksamkeit zu betrachten, und sie mit unter die verborgnen Mächte zu zählen, welche die Welt regieren: das ist es, was wir in französischen Schriftstellern zuerst finden, und was aus denselben in die unsrigen übergegangen ist. Besonders hat seit dem Anfange der Revolution, und schon zu der Zeit, als sie vorbereitet wurde, die öffentliche Meinung in den Reden und Schriften derer, welche an ihr thätigen Antheil nahmen, eine große Rolle gespielt. Wenn diese Freunde der Revolution weder den Ursprung derselben aus den bekannten Thatsachen zu erklären, noch ihre Schritte nach denselben zu rechtfertigen wissen, so nehmen sie zu der öffentlichen Meinung als einer Qualitas occulta, die alles erklären, – und einer höhern Macht, die alles entschuldigen kann, ihre Zuflucht. – Nach ihnen war es die in den Gemüthern der Franzosen stillschweigend und allmählig vorgegangne Veränderung der Begriffe und Meinungen, welche die sichtbaren und plötzlichen Veränderungen ihrer Verfassung vorbereitet hatte. Die öffentliche Meinung, behaupten sie, habe die Repräsentanten des Französischen Volks regiert, auch dann, wenn sie ihre Vollmachten und Aufträge augenscheinlich überschritten haben. Ja in einem Aufsatze, den man für den letzten unsers unglücklichen Forsters ausgiebt, wird behauptet, daß, durch alle Perioden, welche die Revolution durchgegangen ist, und in welchen sie nach der Reihe ihre eignen frühern Werke und deren Baumeister zu Grunde gerichtet hat, so wie sie damit anfing, die alte Verfassung des Reichs und deren Vertheidiger zu stürzen, – sie immer der öffentlichen Meinung nachgefolgt sey: woher es auch komme, daß sie bisher unaufhaltsam und unwiderstehlich gewesen sey.

Es ist also wohl der Mühe werth, zu untersuchen, ob hinter diesem neuen Ausdrucke, der durch seine Anwendung so bedeutend geworden ist, etwas wirkliches stecke. Es ist der Mühe werth, den Begriff, der mit den Wörtern öffentliche Meinung verbunden seyn soll, zu entwickeln und zu sehen, ob die Sache, welche sie bezeichnen, wirklich etwas so ehrwürdiges und zugleich so mächtiges sey, als diejenigen behaupten, welche die größten Zerstörungen, so wie die größten Verbesserungen in der menschlichen Gesellschaft, daraus herleiten zu können glauben.

Öffentliche Meinung in dem Sinne der Erfinder dieses Ausdruckes, und derjenigen französischen Schriftsteller, welche sich selbst am besten verstehn, ist die Übereinstimmung vieler, oder des größten Theils der Bürger eines Staats in Urtheilen, die jeder einzelne, zu Folge seines eignen Nachdenkens, oder seiner Erfahrungen über einen Gegenstand, gefällt hat.

Ich sage, die Urtheile, deren Übereinstimmung eine öffentliche Meinung ausmachen soll, müssen von den einzelnen Personen, – von jeder für sich, unabhängig und ohne Einfluß von den übrigen, gefällt worden seyn. Auf alle, welche die gemeinschaftliche Meinung hägen, muß die Sache an sich den nähmlichen Eindruck gemacht; jeder muß sie nach seinen Geistesanlagen und aus seinem Standpuncte betrachtet, und gleichförmig mit den übrigen befunden haben. – Denn öffentliche Meinung soll nicht mit Herkommen, Gewohnheit und den Folgen der Erziehung einerley seyn; sie soll nicht die Übereinstimmung bedeuten, welche die Gesetze und die eingeführte Religion in der Denkungsart einer Nation, oder die, welche der Einfluß eines mächtigen, oder beredten Mannes bey einer Partey hervorgebracht hat. Da, wo nur ein Mensch denkt und urtheilt und die übrigen ihm aufs Wort glauben, oder vielleicht bloß seinen Worten nachbethen, – da, wo gewisse Begriffe, ununtersucht, von Ältern auf Kinder fortgepflanzt und durch beständige Wiederhohlungen jeder neuen Generation eingeprägt werden, da, wo Verabredungen oder Zwang Einstimmigkeit hervorbringen; – da ist keine öffentliche Meinung; – denn es ist nichts vorhanden, was Meinung heißen könnte, – die immer voraussetzet, daß der Mensch, der sie hägt, seiner eignen Natur, und den Eindrücken, welche die Dinge auf ihn machen, in seinem Urtheile folge.

Der Maler und Kupferstecher Friedrich Gottlob Endler

Johann Adam Valentin Weigel

Endler (Friedrich Gottlob), ist der Erfinder, die Platten wie getuscht zu ätzen und der Englischen Manier mit einer Platte vielerlei Farben zu drucken. Er legte sich zuerst auf die Baukunst, verwechselte sie aber nachher mit dem Kupferstechen, worin er als Meister schon viele Beweise abgelegt hat. Außerdem hat er mehr als 300 Blätter in Schlesien wohnender Thiere aus allen Classen des Thierreichs für den Landschafts-Syndicus Börner zu einer Fauna Silesiaca gemahlt, die wir noch von diesem fleißigen Naturforscher zu erwarten haben. Endlers Gattinn ist nicht nur die treue Gefährtinn seines Lebens, sondern auch seiner Kunst. Ihr gehört eigentlich die Erfindung des Farbedrucks in Englischer Manier.

Entführung

Willibald Alexis

O Lady Judith, spröder Schatz,
Drückt dich zu fest mein Arm?
Je zwei zu Pferd haben schlechten Platz,
Und Winternacht weht nicht warm.

Hart ist der Sitz und knapp und schmal,
Und kalt mein Kleid von Erz,
Doch kälter und härter als Sattel und Stahl
War gegen mich dein Herz.

Sechs Nächte lag ich in Sumpf und Moor
Und hab um dich gewacht,
Doch weicher, bei Sankt Görg ich's schwor,
Schlaf ich die siebente Nacht.

Friedrich Daniel Ernst Schleiermacher

Wilhelm Dilthey

Was für ein Leben! Als ein Herrnhuter hatte er begonnen, sein Geist hatte sich über das weite Gebiet von einander abliegenden Wissenschaften ausgedehnt; die poetische Bewegung seiner Epoche hatte ihn ergriffen, und der Hauch einer dichterischen Umgebung, dichterischer Versuche und Pläne liegt über seinen Jugendwerken; als einer der Ersten hatte er begonnen, die Geselligkeit als eine Kunst zu behandeln, und beherrschte eine Fülle von Verhältnissen, welche nicht unbedeutenden Menschen neben ihm das Leben aufzehrte; als einer der Ersten, in einer gewaltigen Zeit, begann er für den Staat zu leben, ward eine Macht im Staat; Allen voran, inmitten von Gleichgültigkeit, begann er aus der Erfahrung vieler im Predigtamt, im Kirchendienst, in der Theologie verbrachter Jahre die große, geschichtliche Aufgabe der Kirche zur Geltung zu bringen: er ward das geistige Haupt der Kirche seiner Zeit. Das Alles erfuhr und durchlebte ein einzelner Mann, und nicht umhergeworfen vom Schicksal, sondern von einer innern Gewalt getrieben, welche ihn durch alle Kreise dieses unseres menschlichen Daseins hindurchführte, bis in seinem beschaulichen Geiste der Kosmos der moralischen Welt sich erhob. Hier war eine Allseitigkeit nicht der Forschung, sondern des Lebens. Man begreift, wie unendlich mehr er selber war, als alle Aufzeichnungen, alle Forschungen, die wir noch von ihm besitzen.

Sänger-Beruf

Felix Dahn

Die lieben alten Lieder erwachen wunderbar –
Ein Sänger bin ich wieder, der lang ein Fröhner war.
Manchorts mag sich gewöhnen mein Herz als Wandergast,
Doch nur im Reich des Schönen genießt es Heimatrast.
Will ich dem Winde lauschen, er ruft mir: „sing mein Lied!"
Im Strome hör' ich's rauschen: „sing, was mir Gott beschied."
Des Freundes goldne Güte, mir wird sie zum Gesang,
Der Frauen stumme Blüte, mir wird sie Wort und Klang.

Felix und Therese Dahn

V. Gräfin Bethusy-Huc

Das Dahnsche Ehepaar gehörte in Breslau zu den bekanntesten Straßenerscheinungen. Regelmäßig in der Mittagszeit sah man sie die Schweidnitzer Straße durchwandeln, beide in weichen großen Filzhüten und dunkeln Radmänteln, viel angesehen und viel gegrüßt und immer freundlich wieder grüßend. Wo ich zuerst mit ihnen bekannt wurde, weiß ich nicht mehr, aber ich war dann oft bei ihnen in ihrer hübschen Wohnung am Schweidnitzer Stadtgraben und habe beide sehr gern gehabt. Eines Abends (aus dem Jahre 1892) erinnere ich mich besonders lebhaft, an dem bei Dahns eine größere Gesellschaft stattfand und der Schauspieler Possart, der ein Jugendfreund Dahns war, diesem bei Tisch gegenüber saß und beide Erinnerungen austauschten aus der Zeit, wo sie noch „Münchner Kindl" waren. Bei diesem Souper fand jeder von uns Gästen ein Dahnsches Buch mit Widmung unter seiner Serviette, und nachher las uns Dahn seine Dichtung „Rolandin" vor.

„Da reden mich nun alle Menschen immer und ewig auf den ‚Kampf um Rom' an. In diesem kleinen Rolandin steckt aber viel mehr von Felix Dahn darin, als im ganzen Kampf um Rom", behauptete Dahn nach der Lektüre. Wenn man vom Kampf um Rom anfing zu sprechen, nahm er das genau so übel, wie Bodenstedt die Erinnerungen an den „Mirza Schaffy", und genau wie jener sagte er: „ich habe wirklich Besseres geschrieben." Ich war aber auch oft bei Dahns, wenn sie allein waren, und das war besonders nett. „Als Dichter bin ich dritten Ranges", sagte Dahn einmal, „als Gelehrter und Jurist zweiten Ranges – aber allerersten Ranges bin ich als Jugendlehrer und Pädagoge." Er liebte seine Studenten wie seine Kinder, und ich habe mehrere Male junge Leute aus seinem Hörerkreis bei ihm getroffen, mit denen er einen ganz reizenden Verkehrston hatte.

Im Arbeitszimmer des Dahnschen Paares standen die Schreibtische in zwei Fensternischen, und zwischen beide war eine große Volière voller Singvögel aufgestellt. Außer den Schreibtischen stand aber auch noch eine Nähmaschine dort, und Dahn, den das Vogelzwitschern zum Arbeiten anregte und nicht störte, behauptete, wenn Frau Therese an der Nähmaschine säße, sängen die Vögel alle wie toll, denn sie hielten das Maschinensurren für Frau Thereses Gesang und wollten sie überschreien. Frau Therese war mir besonders anziehend durch ihre vornehme, ganz in sich beruhende Eigenart, die unbekümmert um das, was man etwa sagen oder denken könnte, ihren Weg ging, wie sie ihn auch in ihrer Jugend gegangen war, als sie, die von ihrer streng katholischen Familie in ein Kloster gebracht wurde, sich frei machte und von der französischen Grenze direkt nach Königsberg fuhr, um dort Dahns Frau zu werden. „Als einziges Reisegepäck hat sie ihre Harfe mitgebracht", sagte Dahn. Diese Harfe habe ich auch gesehen und habe Frau Therese auch einmal darauf spielen hören. Die alberne Geschichte ist aber erfunden, die in Breslau erzählt wurde, wonach sie einen Gast harfespielend empfangen haben soll: „Mein Mann Felix Dahn ist neben an!" Die große Arbeit an seinem Werk „Die Könige der Germanen" nahm Dahn später so in Anspruch, daß er nur noch den Besuch seiner Schüler empfing und sich fast ganz von aller Geselligkeit zurückzog.

Allerseelentag

Hermann Allmers

Wie die falben Blätter fallen –
Heut ist Allerseelentag,
Wo man zu den Gräbern wallen,
Beten dort und weinen mag

Und gedenken jener Tage,
Da sie lebten, die da nun
Ohne Leid und Lust und Plage
Tief im stillen Grabe ruhn.

Doch wer Keinen zu beklagen,
Wer kein Grab zu schmücken hat,
Dennoch mag er Leid wohl tragen,
Wenn auch ihm der Spätherbst naht.

Und er sorge, wird erscheinen
Ihm sein Allerseelentag,
Daß man klagen, daß man weinen
Auch an seinem Grabe mag.

Über die Revolution in Deutschland

Ferdinand Lassalle

Ich kann nur ganz kurz folgende Sätze hinwerfen:
1. Die innerlich übereinstimmende Veränderung in Frankreich, England, Amerika zeigt, daß die Bourgeoisie den Beruf zur politischen Herrschaft verloren hat: darum kann sie auch keine politische Revolution mehr machen. Ihre Zeit ist vorüber.
2. Zu unterscheiden von politischen Revolutionen sind nationale Revolutionen wie in Italien, Polen, Ungarn.

3. Die deutsche Bourgeoisie ist von allen die unfähigste zur politischen Revolution; das zeigt das Faktum, daß noch fünfzehn Jahre nach 1848 eine Partei wie die Fortschrittspartei möglich ist.
4. Es ist in Deutschland allerdings auch noch eine nationale Revolution (die Einheit) möglich, die aber schon weit unmittelbarer politisch ist, als die nationalen Revolutionen in Italien, Polen, Ungarn.
Eben deshalb wird die deutsche Bourgeoisie sie nie freiwillig machen wollen. Ihr Hauptsatz ist (glauben Sie mir, ich habe die Fortschrittspartei hier auf das genaueste studiert): nur keine Revolution von unten, lieber noch Despotismus von oben.
5. Es kann nichtsdestoweniger vorkommen, daß durch auswärtige Konstellationen, z. B. durch Krieg, eine national-politische Revolution eintritt (und ich hoffe gar sehr auf diesen Fall und glaube an ihn: er wird eintreten, sei es etwas früher oder später). Aber diese Revolution wird nur dann eine wirkliche, energische, vernünftige werden, wenn der Kern einer bewußten Arbeiterpartei schiebend hinter ihr steht. Wenn nicht, wird sie auch in politischer Beziehung in Schwachheit und Reaktion verlaufen. Die ist notwendig. Der bloß politische Radikalismus ist zeugungsunfähig und in der Bourgeoisie in einer unglaublichen Minderheit.
Das Volk als solches hängt dem politischen Radikalismus an, aber ruckweise, wird schnell ermattet, kommt dann auf Zeiten lang von ihm zurück, läßt sich irren und wirren durch seine Resultatlosigkeit. Ein fester Kern einer Arbeiterpartei, einer bewußten, aus sozialen Gründen revolutionären Partei, vorwärts schiebend und drängend – das kann allein einer Revolution, die durch Krieg usw. eintritt, auch in politisch-nationaler Hinsicht einen energischen fruchtbaren Verlauf sichern. Sonst wieder Verschwommenheit, Unklarheit und Reaktion.
Darum mein Versuch, die Arbeiterpartei zu schmieden, darum das Manifest.

Glück und Unglück

Dietrich Bonhoeffer

Glück und Unglück,
die rasch uns und überwältigend treffen,
sind sich im Anfang,
wie Hitze und Frost bei jäher Berührung,
kaum unterscheidbar nah.

Wie Meteore
aus überirdischer Ferne geschleudert,
ziehen sie leuchtend und drohend die Bahn
über unseren Häuptern.
Heimgesuchte stehen betroffen
vor den Trümmern
ihres alltäglichen, glanzlosen Daseins.

Groß und erhaben,
zerstörend, bezwingend,
hält Glück und Unglück,
erbeten und unerbeten,
festlichen Einzug
bei den erschütterten Menschen,
schmückt und umkleidet
die Heimgesuchten
mit Ernst und mit Weihe.

Glück ist voll Schauer,
Unglück voll Süße.
Ungeschieden scheint aus dem Ewigen
eins und das andre zu kommen.
Groß und schrecklich ist beides.

Menschen, ferne und nahe,
laufen herbei und schauen
und gaffen
halb neidisch, halb schaudernd,
ins Ungeheure,
wo das Überirdische,
segnend zugleich und vernichtend,

zum verwirrenden, unentwirrbaren,
irdischen Schauspiel sich stellt.
Was ist Glück, was Unglück?

Erst die Zeit teilt beide.
Wenn das unfaßbar erregende,
jähe Ereignis
sich zu ermüdend quälender Dauer wandelt,
wenn die langsam schleichende Stunde des Tages
erst des Unglücks wahre Gestalt uns enthüllt,
dann wenden die Meisten,
überdrüssig der Eintönigkeit
des altgewordenen Unglücks,
enttäuscht und gelangweilt sich ab.

Das ist die Stunde der Treue,
die Stunde der Mutter und der Geliebten,
die Stunde des Freundes und Bruders.
Treue verklärt alles Unglück
und hüllt es leise
in milden,
überirdischen Glanz.

Auf dem König-Wilhelms-Gymnasium

Max Born

Nach zwei Jahren Vorschule erhob sich die Frage, auf welches der zahlreichen Gymnasien man mich nun schicken sollte. Wie ich bereits sagte, galten die in der Innenstadt gelegenen und Klosternamen tragenden Schulen beim fortschrittlichen Teil der Breslauer Gesellschaft als altmodisch und nicht dem Standard moderner Gebäude sowie den Hygieneanforderungen entsprechend. Einige Schulen gab es jedoch, die den Vorstellungen genügten, eine davon im eleganten Westen der Stadt: das König-Wilhelms-Gymnasium. Dieses wurde für mich gewählt. Es war in einem modernen Bau mit geräumigen und hellen

Räumen untergebracht und wurde in jeder Hinsicht als zeitgemäß betrachtet. Nicht nur ich, sondern eine ganze Gruppe von Jungen meiner Klasse kam in die Sexta des K.-W.-Gs. Diese Schule hatte ihre eigenen Vorbereitungsklassen (Nona, Octava, Septima); wir drangen also in eine bereits etablierte Gemeinschaft von etwa 40 Jungen ein, und eine Zeitlang waren wir Wankelianer Außenseiter und deshalb zum Zusammenhalten gezwungen. Die Namen der Jungen unserer kleinen Gruppe habe ich vergessen – ausgenommen diejenigen beiden, die während meiner ganzen Schulzeit meine Klassenkameraden waren: P. und K. Ihre Väter waren Kollegen meines Vaters, Professoren an der Breslauer Universität; K. war Theologe und P. Spezialist für pathologische Anatomie, also ein Fachkollege meines Vaters. Diese beiden Jungen waren unzertrennliche Kumpel, die sich ständig abwechselten, Klassenerster und -zweiter zu sein. Eine Zeitlang bestand zwischen ihnen und mir eine lose Verbindung; der Grund dafür war allerdings mehr die gemeinsame Verteidigung gegenüber dem Rest der Klasse als gegenseitige Sympathie. Sie waren in der Tat ein seltsames Paar. K. war schlank, still, ruhig, wortkarg, sachlich und wäre ein ganz netter Bursche gewesen, hätte er sich nicht ausschließlich dem anderen angeschlossen. Dieser P. war schon von klein auf jener Typ, der dann unter den Nazis so häufig anzutreffen war: ziemlich stämmig, fast dick, jedoch energisch, geschwätzig und ein perfekter Rohling – d. h. wenn er sicher war, nicht von einem Lehrer gesehen zu werden, denen gegenüber er äußerst ehrerbietig war. (. . .)
Obgleich die in der Schule herrschende strenge Disziplin Tyrannisierungen in größerem Ausmaß nicht zuließ, passierten dort ähnliche Dinge. In unserer Klasse war eine beträchtliche Anzahl jüdischer Jungen (etwa ein Drittel), und es machten sich bereits damals die ersten Anzeichen von Antisemitismus bemerkbar. Zu Ehren der Lehrerschaft muß ich feststellen, daß von ihrer Seite kaum ein rassisches bzw. religiöses Vorurteil zu spüren war. P. und ein paar andere waren jedoch mehr oder weniger in aller Öffentlichkeit Antisemiten und hatten ihren Spaß daran, einige nette kleine jüdische Mitschüler zu quälen, wann immer dies unbemerkt von den liberal gesonnenen Lehrern möglich war. In den oberen Klassen entwickelte P. in extremem Maß jene Art von Nationalismus, der später das ganze Land infizieren sollte. Im Geographieunterricht zeichnete er, genau wie später die Nazis, mit Vorliebe neue Grenzen eines künftigen Großdeutschlands. Er studierte Jura und wurde preußischer Beamter; ich war nicht überrascht, als ich aus Zeitungen erfuhr, daß er ein führendes Mitglied der preußischen Verwaltung wurde, die man in der früheren Provinz Posen

(Poznán) zu deren Germanisierung eingesetzt hatte. Als ich 1933 Deutschland verlassen mußte und mit meiner Familie im Grödner Tal (Südtirol) Zuflucht nahm, traf ich Frau S. wieder, die so nett und menschlich wie zuvor war; sie erzählte mir, daß mein ‚intimer Feind', ihr Bruder, in der Nazihierarchie einen hohen Rang einnehme.
So bekam ich schon von den ersten Tagen meiner Schulzeit an eine Ahnung von dem, was Deutschland bevorstünde.

Breslau im Wandel der Geschichte

Der Erbauer Breslaus

R. Th. Werwill

Vor alter Zeit herrscht' im Polenland,
Vom Heidenthum düster umnachtet,
Der König Miseko, rühmlich bekannt,
Der manch Opfer den Göttern geschlachtet.

Ihn hielt von Geburt ein feindlich Geschick
In trauriger Blindheit gefangen,
Und nach dem Lichte strebte der Blick
Umsonst mit heißem Verlangen.

Er hatte sich sieben Weiber gewählt;
Doch Keine gab ihm den Erben,
Und er fühlte das Ziel des Lebens verfehlt,
Sollt' also er kinderlos sterben.

Es lebt' ein christlicher Priester alldort,
Der gläubige Herzen belehrte,
Der sprach zum König prophetisches Wort,
Das wunderbar sich bewährte:

„Dir wird, o König, ein Erbe bescheert,
Sobald Du die Christin erwählet."
Miseko gar freudig die Worte hört,
Von festem Glauben beseelet.

Drauf hat er Diener sogleich geschickt
An den Hof des Königs von Böhmen,
Das Töchterlein, hold von Reizen geschmückt,
Wollt' gern er zum Weibe sich nehmen.

Dombrowka, in christlicher Tugend erblüht,
War des Landes Stolz und Entzücken,
Sie hieß die Gute, und ihr Gemüth
Entstrahlte den freundlichen Blicken.

Der König von Böhmen gab also Bescheid:
„Gern will ich die Tochter ihm geben,
Wenn sich Miseko dem Heiland geweiht
Und neuem christlichen Leben."

Die Diener erstatten dem Herrn Bericht,
Und dieser darauf es beschwöret,
Er wolle empfangen das göttliche Licht,
Sobald ihm die Fürstin gehöret.

Dombrowka zieht aus dem Vaterland
Dem fremden Gemahle entgegen,
Sie hofft, ihn zu leiten mit liebender Hand
Auf himmlischer Wahrheit Wegen.

Der König eilt zu begrüßen die Braut
In heiliger Eichen Schatten,
Wo einst man Altäre den Göttern erbaut
Auf immer grünenden Matten.

Da tritt der prophetische Priester hervor
Und spricht: „Die Zeit ist gekommen,
Erhebe den Geist zu Gott empor
Und die Blindheit sei von Dir genommen."

Der König erbebt bei dem ernsten Wort,
Als fühlt' er des Göttlichen Nähe,
Ihm wird zum Weihetempel der Ort,
Erleuchtet vom Strahl aus der Höhe.

Und er sinkt auf die Kniee, so fromm gebeugt,
Und schwört in derselbigen Stunde,
Demüthig vor Gott im Staube geneigt,
Die Treue dem christlichen Bunde.

Da ward es ihm plötzlich so hell in dem Geist
Und um die Augen ihm helle;
Da siehe, der finst're Schleier zerreißt,
Und er schwelgt in des Lichtes Quelle.

Dombrowka naht ihm, die schöne Gestalt!
Und er darf entzückt sie begrüßen,
Zum ersten Mal fühlt er der Liebe Gewalt,
Da die Augen sich strahlend erschließen.

Er zertrümmert der heidnischen Götter Altar,
Von frommer Begeistrung durchdrungen,
Und bald an des Volkes gesammte Schaar
War der Ruf des Kreuzes erklungen.

Die Christin gebahr den ersehnten Sohn,
Und wo sich das Heil ihm verkündet,
Da hat, wo die Nacht der Blindheit geflohn,
Er die Mauern von Breslau gegründet.

Die Mongolen kommen (1241)

Fr. Reiche

Die Einwohner Breslau's hatten bei der gewissen Nachricht von der Ankunft der Barbaren ihre besten Sachen sammt den vorräthigen Lebensmitteln in das Schloß auf die Dominsel bringen lassen, und die leeren, größtentheils aus Holz erbauten Häuser in Brand gesteckt. Die Mongolen fanden daher statt der erwarteten Schätze nur rauchende Trümmer, und dieß erbitterte sie umsomehr, als sie sich vor Krakau auf gleiche Weise getäuscht hatten. Mit großem Ungestüm drangen sie daher auf das Schloß los, dessen Eroberung ihnen reichliche Entschädigung für den gehabten Verdruß, und für so viele bereits überstandene und noch zu bestehende Mühseligkeiten und Gefahren versprach. Unbekannt mit der Kunst, feste Orte zu belagern, beschossen sie es anfangs vergeblich mit ihren Pfeilen, dann wollten sie dasselbe durch Hunger zur Übergabe zwingen, schlossen es zu dem Ende von allen Seiten ein, und schnitten den Belagerten die Zufuhr ab. Wiewohl das Schloß auf einige Zeit hinreichend mit Lebensmitteln versehen war, fürchteten die Einwohner und die Besatzung desselben doch, es am Ende übergeben zu müssen, weil das Zusammenleben so vieler Menschen in einem engen Raume nothwendig Krankheiten und Mangel an Lebensmitteln erzeugen mußte. Aus dieser Noth rettete sie Czeslaus, der Prior des Breslauischen Dominikanerklosters, welcher sich ebenfalls in die Burg geflüchtet hatte.

Durch Gebete und Ermahnungen suchte Czeslaus den Muth der Besatzung für den wichtigen Augenblick zu stärken. Im Rufe einer besondern Heiligkeit stehend, versprach er den Bewohnern und der Besatzung der Burg, vielleicht in einem Moment, wo Zagen die Gemüther ergriff, die Hülfe des Himmels, und ermahnte sie, dem Angriff der Mongolen ruhig entgegen zu sehen. Als nun dieser Angriff geschah, und die Besatzung sich zum letzten Widerstande gefaßt machte, ging das Wort des Priesters, so meldet die Kronik, in Erfüllung: es fiel Feuer vom Himmel und diese Erscheinung erschreckte die abergläubischen Feinde dermaßen, daß sie eilig davon zogen und das Schloß unerobert liegen ließen.

Mag irgend eine feurige Lufterscheinung die Barbaren geschreckt, oder mögen sie, um sich auf ihrem Verwüstungszuge nicht aufzuhalten, Breslau hinter sich liegen gelassen haben: sie begaben sich schon am Abende des 8. April auf den Marsch nach Liegnitz, wo Herzog Heinrich sie schlagfertig erwartete.

Breslau im Mittelalter

Robert Bruckner und J. Stein

Das äußere Ansehen der Stadt hatte sich in dem verflossenen Zeitraum gewaltig geändert und zwar so vortheilhaft, daß Breslau allgemein für eine schöne, nicht blos für eine mächtige Stadt galt. Sie war befestigt, obwohl wahrscheinlich erst seit 1274 durch ordentliche Mauern. Die Erhaltung derselben kostete viel Geld und gewöhnlich mußten es die Juden zahlen, denen man einmal sogar unter König Jo-

hann die Grabsteine vom Kirchhof nahm, um sie zur Ausbesserung der schadhaften Stadtmauer zu verwenden. Alle diese Bauten wurden indeß zum Theil überflüssig, je mehr sich die Stadt im Lauf der Zeit jenseits der Ohlau ausbreitete, welche früher überall die Grenze gemacht hatte.
Die eigentliche Festung, die alte herzogliche Burg auf dem Dome, war seit dem Abgange der Herzöge verfallen, dagegen hatte sich in der königlichen Burg am Oderthor eine Art Citadelle erhoben, welche für die damalige Zeit ziemlich fest war. Die Mauern waren von Thürmen beschützt und Gräben und Wälle erhöhten die Stärke der Befestigung, welche den Breslauern Muth genug machte, ihren mächtigen Königen zu trotzen. Wir kommen auf die Ansprüche Breslau's, als schöne Stadt zu gelten, zurück.
Im 14. Jahrhundert war Breslau noch völlig ungepflastert; die Lebhaftigkeit des Verkehrs nöthigte aber doch dazu, mindestens die Zugänge der Stadt mit Steinen zu belegen und König Johann verordnete 1331, daß man von jedem ankommenden Wagen 1 Pfennig Pflastergeld erheben solle. In der Stadt selbst, wo die Straßen anfänglich mit Bohlenwegen oder Knüppelbrücken belegt waren, daher noch die Benennung: Schuhbrücke, Schmiedebrücke usw., ward zuerst der Fischmarkt 1356, dann der Salzring (der heutige Blücherplatz) mit Steinen belegt. Erst 1454 fing man an die Straßen zu pflastern und zwar zuerst die Hauptstraße auf dem Dom.

Der Glockenguß zu Breslau

Wilhelm Müller

War einst ein Glockengießer
Zu Breslau in der Stadt,
Ein ehrenwerter Meister,
Gewandt in Rat und Tat.

Er hatte schon gegossen
Viel Glocken, gelb und weiß,
Für Kirchen und Kapellen,
Zu Gottes Lob und Preis.

Und seine Glocken klangen
So voll, so hell, so rein:
Er goß auch Lieb' und Glauben
Mit in die Form hinein.

Doch aller Glocken Krone,
Die er gegossen hat,
Das ist die Sünderglocke
Zu Breslau in der Stadt.

Im Magdalenenturme
Da hängt das Meisterstück,
Rief schon manch starres Herze
zu seinem Gott zurück.

Wie hat der gute Meister
So treu das Werk bedacht!
Wie hat er seine Hände
Gerührt bei Tag und Nacht!

Und als die Stunde kommen,
Daß alles fertig war,
Die Form ist eingemauert,
Die Speise gut und gar,

Da ruft er seinen Buben
Zur Feuerwacht herein:
„Ich laß auf kurze Weile
Beim Kessel dich allein,

Will mich mit einem Trunke
Noch stärken zu dem Guß,
Das gibt der zähen Speise
Erst einen vollen Fluß;

Doch hüte dich und rühre
Den Hahn mir nimmer an,
Sonst wär es um dein Leben,
Fürwitziger, getan."

Der Bube steht am Kessel,
Schaut in die Glut hinein:
Das wogt und wallt und wirbelt
Und will entfesselt sein,

Und zischt ihm in die Ohren
Und zuckt ihm durch den Sinn
Und zieht in allen Fingern
Ihn nach dem Hahne hin.

Er fühlt ihn in den Händen,
Er hat ihn umgedreht;
Da wird ihm angst und bange,
Er weiß nicht, was er tät.

Und läuft hinaus zum Meister,
Die Schuld ihm zu gestehn,
Will seine Knie umfassen
Und ihn um Gnade flehn;

Doch wie der nur vernommen
Des Knaben erstes Wort,
Da reißt die kluge Rechte
Der jähe Zorn ihm fort.

Er stößt sein scharfes Messer
Dem Buben in die Brust,
Dann stürzt er nach dem Kessel,
Sein selber nicht bewußt.

Vielleicht, daß er noch retten,
Den Strom noch hemmen kann –
Doch sieh, der Guß ist fertig,
Es fehlt kein Tropfen dran.

Da eilt er abzuräumen
Und sieht, und will's nicht sehn,
Ganz ohne Fleck und Makel
Die Glocke vor sich stehn.

Der Knabe liegt am Boden,
Er schaut sein Werk nicht mehr:
Ach Meister, wilder Meister,
Du stießest gar zu sehr!

Er stellt sich dem Gerichte,
Er klagt sich selber an.
Es tut den Richtern wehe
Wohl um den wackern Mann;

Doch kann ihn keiner retten,
Und Blut will wieder Blut.
Er hört sein Todesurteil
Mit ungebeugtem Mut.

Und als der Tag gekommen,
Daß man ihn führt hinaus,
Da wird ihm angeboten
Der letzte Gnadenschmaus.

„Ich dank euch", spricht der Meister
„Ihr Herren, lieb und wert;
Doch eine andre Gnade
Mein Herz von euch begehrt:

Laßt mich nur einmal hören
Der neuen Glocke Klang!
Ich hab sie ja bereitet
Möcht' wissen, ob's gelang."

Die Bitte ward gewähret,
Sie schien den Herrn gering;
Die Glocke ward geläutet
Als er zum Tode ging.

Der Meister hört sie klingen,
So voll, so hell, so rein!
Die Augen gehn ihm über,
Es muß vor Freude sein.

Und seine Blicke leuchten,
Als wären sie verklärt;
Er hat in ihrem Klange
Wohl mehr als Klang gehört.

Hat auch geneigt den Nacken
Zum Streich voll Zuversicht;
Und was der Tod versprochen,
Das bricht das Leben nicht.

Das ist der Glocken Krone,
Die er gegossen hat,
Die Magdalenenglocke
Zu Breslau in der Stadt.

Die ward zur Sünderglocke
Seit jenem Tag geweiht;
Weiß nicht, ob's anders worden
In dieser neuen Zeit.

Bischof Nanker von Breslau

Fr. Reiche

König Johann von Böhmen hatte nicht sobald sich des Fürstenthums Breslau bemächtigt, als er auch mit der dasigen Geistlichkeit in Streit gerieth. Bischof Nanker, ein heftiger Prälat, besaß in seiner genannten Würde das Schloß Militsch an der polnischen Grenze. Dem Könige schien der Besitz dieses Schlosses zum Schutze gegen die Polen nothwendig und er erbot sich daher gegen den Bischof, ihm den Werth desselben auf eine beliebige Art zu erstatten; der übermüthige Prälat schlug ihm jedoch sein Verlangen ab. Johann kam eben mit einem Heere, wobei sich auch die Breslauschen Konsuln befanden, aus Polen zurück, und lagerte sich vor die Feste. Um sich nicht lange aufzuhalten, schickte er dem Befehlshaber, Archidiakonus Heinrich von Wirben durch einige schlesische Ritter eine Anzahl Flaschen französischen Weins. Die Eroberung gelang und es blieb zweifelhaft, ob Heinrich von Wirben in der Trunkenheit oder mit Absicht Militsch übergab.

Als die Nachricht davon zu dem Bischof gelangte, gerieth dieser in den heftigsten Zorn, und verlangte in einer Versammlung des Kapitels von den Domherren, daß sie ihn zum Könige begleiteten, um die Herausgabe des Schlosses von ihm zu erzwingen. Die meisten Domherren entzogen sich jedoch der bedenklichen Sache durch eilige Flucht und nur vier derselben blieben dem Bischofe treu. Nanker warf sich in seinen bischöflichen Ornat und ging mit ihnen und einer zahlreichen Begleitung in feierlichem Zuge nach dem Kloster St. Jakob (später Vincents-Kloster), wo Johann in einem Gemach neben dem Speisesaal mit seinen Räthen und den Breslauschen Konsuln versammelt war. Er klopfte so ungestüm an die Thür, daß die Wache über seine Kühnheit erstaunte: der Bischof will zum Könige, war Alles, womit er sich entschuldigte und da dieser ihm den Vortritt verweigern ließ, zwang er ihn durch furchtlose Beharrlichkeit, den Befehl zur Eröffnung der Thüre zu geben. Unerschrocken trat er in das Zimmer, stellte sich vor den Monarchen und sprach: „König! ich ermahne dich zum ersten, zweiten und dritten Male, das heilige Eigenthum der Kirche herauszugeben!" – „Nicht so schnell, als Ihr wähnen mögt!" erhielt er spottend zur Antwort. „Nun dann", fuhr Nanker fort und schwenkte ein hölzernes Kreuz über den König, „so thue ich dich hiermit in den Bann im Namen des Vaters, des Sohnes und des heiligen Geistes!"

Alle Anwesenden waren stumm vor Erstaunen, der König aber behielt auch im Zorne seine Gelassenheit und sprach: „Welch ein Pfaffe! Er will, daß man ihm die Ehre anthun soll, ihn zum Märtyrer zu machen; aber er irrt sich." – Die Konsuln suchten hierauf den Bischof zu begütigen, aber er drohte ihnen „wie ihrem Königlein", ebenfalls mit dem Bann. Zornig wollte der König ihn endlich mit Gewalt fortschaffen lassen, aber Nanker wartete dies nicht ab, sondern verließ stolz und gelassen das Gemach, um sich bald darauf aus der Stadt und nach Neiße zu begeben. Er starb als Flüchtling und erst sein Nachfolger erhielt 1342 Genugthuung von der Stadt, nicht von dem Könige.

Breslau brennt (1342)

Samuel Benjamin Klose

(. . .) Allein diese Freude wurde bald in Traurigkeit verkehrt; denn wenig Tage darauf entstand ein Feuer in der Stadt, in der Kreuzwoche am Abend St. Stanislai, den 8ten Mai, 1342. welches in kurzem so heftig um sich griff, daß an kein Löschen zu denken, und die Stadt bis auf wenig Häuser, in einen Aschenhaufen verwandelte. Henel sezt als Folge dazu, welches sich ieder denken kan: daß viele Kinder in den Bürgerhäusern, wie auch Kranke in den Hospitälern mit verbrannt. Man schrieb dieses Unglük diesmal nicht den Juden, sondern den gebannten Christen, den Verfolgungen der Geistlichkeit, besonders des Bischof Nankers und der Ermordung des Johann Swenkenfeld zu. Eine Klausnerin vorm Olauschen Thor bei St. Moriz hatte so gar einen Engel über der Stadt mit einem feurigen Schwert fliegen sehen, welcher feurige Kolen auf dieselbe geschüttet. Man kan es dem Marggraf Karl, der ein Zuschauer von dieser schreklichen Scene war, zutrauen, daß er die Bitten der Breslauer bei seinem Vater unterstüzt habe, welche dem Könige ihre Noth klagten, und flehentlich ihn ersuchten, er möchte ihr Schiksal durch Erleichterung der Abgaben in etwas ihnen erträglicher machen. Dieser war auch so gnädig, daß er ihr Bitten statt finden liß. Er drükt sich in der darüber ausgestellten Urkunde folgendermaßen aus. So wie das Leben des Königs das Glük des Volks ist; also gereicht auch der friedliche Wolstand der Untertanen zur Aufrechthaltung und Erhöhung der Macht des Königs. Daher geziemt es Königen und Fürsten, mit dem Unglük ihrer Untertanen Mitleiden zu haben, und sie durch Huld und Gnade von ihrem Fall wider aufzurichten. Da nun Breslau, die ansehnlichste und vornehmste Stadt des Landes, ehemals prächtig gebaut, durch einen Unglüksfall neulich ganz vom Feuer verzehrt worden, und in diesem Brande, auser den Häusern, einen unaussprechlichen, unersezlichen Verlust an Habe und Gütern erlitten; und die Bürger uns ersucht, daß wir ihnen zur Erleichterung ihres Schadens, und zu schleuniger Wideraufbauung der Stadt einige Minderung der Auflagen gnädig widerfaren zu lassen geruhen möchten. So erlassen wir ihnen, um unser Mitleiden tätig zu bezeigen, und sie bald wider in einen blühenden Zustand zu sezzen, die iärliche Abgabe der hundert und sechzig Mark Groschen Prager Pfennige, welches Münzgeld (pecunia monetalis) heißt, und ehedem uns und unsern Vorfaren, den Herzogen, alle Jahr in zwei Terminen, die eine Hälfte in Michaelis, und die andre in Philippi und Jakobi gezalt worden, und erklären sie, aus besondrer königlichen Gnade und Milde, auf immer frei von Zalung dieser Abgabe.

Ein Breslauer versieht Henkersdienst

Hermann Goedsche

Es begab sich im Jahre 1436, wie die Chronik erzählt, daß ein Breslauer Bürger in Geschäften durch Polen reisete, und in einem Wirthshause über Nacht um 500 Thlr. bestohlen ward. Da er aber Verdacht hatte, daß der Wirth selbst der Dieb sei, führte er diesen vor den Richter und beschuldigte ihn des Diebstahls, den der Andere auch alsbald eingestand. Als der Richter aber das Urtheil fällte, daß der Dieb gehangen werden solle, da eröffnete er dem Ankläger zugleich, daß er nach dem alten Gesetz der Stadt selber den Dieb henken müsse, sintemalen kein Henker hier zu finden, sonst habe der Dieb das Recht, ihm ein Gleiches zu thun. Der Breslauer erschrak gewaltig, wollte gern das Geld verloren geben und noch mehr dazu, um seiner Ehre nicht verlustig zu gehen, aber der Richter verwarf es, und da der Wirth gleich bereit war, ihn selber zu henken, wenn er sich länger weigern sollte, so sah er sich gezwungen, um sein eigenes Leben zu retten, Henkersdienste zu versehen.

Drauf verklagte der Bürger den willkührlichen Richter beim Könige von Polen. Der aber antwortete: was Gesetz und Herkommen wäre, das könne er selber nicht ändern, gab ihm aber einen Königs-Brief, daß er an seiner Ehre unverletzt wäre.

Als der Bürger jedoch nach Hause zurückgekehrt war, da fand er, daß das Gerücht ihm bereits vorausgeeilt sei, und gab es großen Lärm und wollte niemand ihn dulden, bis daß er endlich mit vielen Unkosten den polnischen Brief beim König von Böheim confirmiren lassen und so seine Ehre wieder erlangte.

Wie König Matthias gen Breßlau zoge und Huldigung ufname

Peter Eschenloer

Matthias, König zu Hungarn, und erwelter König zu Behmen, zog aus Olmütz uf die Neiße. Darinne er ruhete die h. Pfingsttage, und kam am Donnerstage vor Trinitatis vor die Stat Breßlau in das Dorf Grebelwitz vor Mittage, und hette denselben Tag wol zu Breßlau mögen einkomen umb die Vesperzeit. Das er nicht tun wolte umb eines Sternsehers willen, den er bei ihm hatte, der ihm denselben Donnerstag nicht wolde gestatten. Die Ratmanne verwunderten sich, und santen aus dem Rate mit Wein, Fische, Bier zu S. Gn. Erende. Das er alles frölich ufname, und hatte da einen frölichen Tag mit seinen Herren, und sagete den Breßlern fru, uf Mittage in die Stat zu zihen. Aus disem Lager entstunde vil Rede bis in Mähren, Ungarn, Österreich, wie die Breßler nicht hetten wollen Matthiam einlassen, hette vor der Stat müssen bleiben. Die Ratmanne schickten sich, wie sie S. Kö. Gn. entgegen reiten solten, und wie ufnemen. Dabei vil Zweifels und Unwissenheit bei dem Rate, wan junge Herren da waren, und die Alten verstorben, musten sich dessen vil erfragen. Darumb, wie sichs gebüret, einen neuen König, so er nach Breßlau komt, ufzunemen und begegnen, wil ich hie setzen.
Zum ersten, ob der König ein Nachtläger nahende bei der Stat haben würde zum Neumarkt, oder Olau, oder naher ungefärlich, so sollen die Ratmanne einen Schlaftrunk ihm senden mit einem des Rates, eine Logen Walisch Weine, etliche Faß Bier, auch etliche gute Fische. Und so der König zu Breßlau einkomen sol, sollen die Ratmanne und Scheppen besenden alle Kaufleute, auch die Zechen, da man Pferde hat, und als vil sie Pferde ufbringen mögen, ufs herrlichste one Harnisch in iren besten Kleidern und Geschmucke, und sollen uf eine Meil Weges entgegen reiten, und die Statbanir und die Schlüssel zu den Toren mitfüren. Und so sie zu S. Kön. Gn. im Felde komen, sollen die Ratmanne mit iren Eltesten absteigen zu Fuße, und die andern gar mit den Pferden in einem Geschicke ordentlich bleiben, und stille halten, und nicht trometen lassen, bis sie den König empfangen haben. Der elteste Ratman sol die Schlüssel tragen und bei ihm die Statbanir, die das tragen sollen die redlichsten Kaufleute drei, und wenn sich die Ratmanne biegen, so sollen sich die mit dem Banir auch neigen gegen dem Könige, und dann so hebet an der elteste Ratman oder wen sie aus dem Rate dazu geordnet haben, und empfähet den König mit Worten, ufs

beste sie erkennen, und sollen ihm die Schlüssel in seine königliche Hende geben, und damit die Stat überantworten. Dan so gibet der König inen die Schlüssel wieder, so er wil, oder wenne er wil, und danket, und zeucht für sich. Und dan allererst lassen die Ratmanne uftrommeten, und zihen dem Könige nach; mögen sie bequemlichen hinfur komen, das mögen sie auch tun. In der Stat sollen alle Kaufleute oder Zechen mit iren Kerzen ufs zirlichste in iren besten Kleidern one Harnisch stehen, und mit der Procession seuberlich in irer Ordnung vor die Stat gehen. So wissen die Geistlichen wol, daß sie mit der Procession den König uf den Thum füren sollen. Die von Breßlau sind dem König über sein königliche Rente nichts pflichtig, jedoch aus Ere müssen sie dem König schenken nach irem Vermögen und besten Erkentniß. Gegen diesem König hat sich die Stat also erzeiget mit teglicher Erunge, wiewol die Stat großlichen vorterbet war und sich mit Krigen ufs höchste verzeret hatte wider den abgesatzten Girsik, lenger den zehen Jar. Den ersten Achtag hilte die Stat S. Kön. Gnade aus mit aller Notturft durch und durch, sondern die Ratmanne erkanten, daß es der Stat lenger zu schwer war. Da sagten sie seinen Kön. Gn. zu, als hernach geschriben ist. Item, alle Tage hat man seinen Königlichen Gnaden gegeben weiß Brot, Rocken Brot, geringe Bier und gut Bier eine Notturft, also daß S. Kön. Gn. deß nicht durfte bestellen lassen, dergleichen auch Holz, Kolen, Feuerwerk, Salz, Heu, Stro, eine Notturft. Item alle Wochen virhundert Scheffel Haber, vor die königlichen Pferde alleine. Item sechs Ochsen, zehn Kälber, zehen Schöpse, zwölf Lemmer und Zigen, zwei hundert Hüner, einen halben Stein Pfeffer, zwei Pfund Saffran, zwei Pfund Nelken, zwei Pfund Ingwer, ein Pfund Zinemey, iezliche Woche also vil, und dazu alle Tage Fische, große Hechte, Lachse, Storen, als vil ungefärlichen die Ratmanne zu Rate worden und gehaben mochten; auch schweren Wein nach irem Wolgefallen, auch Wildpret. Desgleichen zu irem Erkentniß und fort müssen die Ratmanne Ufsehen haben uf die Gäste, die mit dem Könige einkomen: einen iglichen nach seinem Stand zu wirdigen, zu besuchen und zu empfahen, und zu bitten, die Stat in günstiger Befelunge zu haben mit königlichen Gnaden. Die Ratmanne sollen auch den Herren, die mit einem Könige einkomen, gute Herberge bestellen, und wol ansehen, was vor Zeiten in Königes Albrechts Zukunft ist geschehen, da der Rat die Herren in die kleinen Geßlin in die Winkel steckte, und sie die Ratmanne in iren Häusern am Ringe niemanden wolten herbergen; darumb sie gestraft, abgesatzt wurden. Die man nennete die Virundzwanziger, und mußten dem Könige bei zwanzig tausend Gulden geben. Diß sollen die Ratmanne zu Breßlau alzeit vor

Augen haben, und solche Herren des Königes in ire Häuser und zuvoran uf dem Ringe einnemen und in allen Eren halten als den König selbst.

Die Schweden in der Stadt (1632)

Robert Bruckner und J. Stein

Unterdeß erschien am 21. August das schwedisch-sächsische Heer im Angesicht der Stadt und lagerte sich den Kaiserlichen gegenüber am Ohlauer Thore, das Hauptquartier im Scultetischen Garten am Schweidnitzer Anger aufschlagend.
Hier wurde durch Deputirte des Raths und der Gemeinde ein vorläufiger Vertrag abgeschlossen, wodurch der Stadt Breslau vollkommene, aber bewaffnete Neutralität zugestanden ward. Die Schweden bewilligten solche um so lieber, je gefährlicher ihnen die Stadt werden konnte, wenn man sie zwang, sich mit den Kaiserlichen zu verbinden.
Die kleinen Kämpfe zwischen beiden Heeren endeten mit einer Kanonade, welche zum Nachtheil der Kaiserlichen ausfiel, so daß diese sich über die Oderbrücke zurückzogen und einen großen Theil des Lageräths nebst 300 Bagagewagen im Stich ließen. Die Schweden nahmen ihre Stellung ein. Als sie bei der Stadt vorbei defilirten, ereignete sich ein Vorfall, welcher für diese von den verderblichsten Folgen sein konnte. Der kaiserliche Kammerpräsident Burggraf von Dohna ging nämlich mit dem Ober-Landeshauptmann Herzog Wenzel und zwei Kommissarien um den Wall, das vorüberziehende Heer beobachtend und gerieth dabei auf den unsinnigen Einfall, eine Kanone auf dasselbe abzufeuern. Vergeblich bemühte sich der Herzog, ihn davon abzubringen, während der städtische Oberstlieutenant Haase ihn durch verächtliches Schweigen, auf das Aberwitzige seines Verlangens aufmerksam machte; Dohna richtete ein Geschütz auf die Schweden und vermochte endlich durch Drohungen und Geschenk eines Dukaten einen Büchsenmeister, daß er das Geschütz abfeuerte, wodurch einem schwedischen Offizier ein Pferd getödtet und drei Soldaten erschossen wurden. Nachdem Dohna sich von der Wirkung des Schusses überzeugt hatte, setzte er sich mit höhnischem Lachen in seinen Wagen und fuhr in die Stadt. Allein das Volk wollte nicht, gleich ihm, diesen offenbaren Friedensbruch als einen Scherz behandelt wissen. Es trat

zu den Waffen und verfügte sich zu dem städtischen Hauptmann Säbisch, um Genugthuung zu verlangen.
Dieser war feig genug sich anfänglich vor der Deputation zu verstekken; endlich rief er ihnen aus dem Fenster zu: „wenn sie mit aller Gewalt Genugthuung haben wollten, möchten sie hingehen und sich dieselbe holen." Das ließ man sich nicht zweimal sagen. Die Menge stürmte nach der kaiserlichen Burg, um sich des Grafen zu bemächtigen, sodann nach dem Oberamtshause auf der Albrechtsstraße, als man hörte, daß er sich dort befinde.
Hier stellte man sich in Ordnung auf und verlangte, daß der gräfliche Übelthäter ausgeliefert würde. Da die Stadtwache, welche von der Veranlassung des Auflaufs nichts wußte, Gewalt brauchen wollte, zog man auf allen Thürmen der Stadt die Sturmglocke und Straß auf Straß ab wüthete das Geschrei: Bürger ins Gewehr! Der Pöbel, durch rasende Weiber verstärkt, rief: Gebt uns den vorwitzigen Büchsenmacher heraus, den Seligmacher, den Rebellen, der die Stadt ins Unglück stürzen will.
Es kostete unendliche Mühe, die Ordnung nur einigermaßen aufrecht zu erhalten, und als gar ein schwedischer Hauptmann mit drei Kompagnien Reiter vor dem Thore erschien, um über die Veranlassung des Schusses eine Erklärung zu verlangen, schien es am gerathensten, den Grafen Dohna heimlich aus der Stadt zu bringen. Es gelang; die Schweden wurden durch die Erklärung des Magistrats zufrieden gestellt und die Bürgerschaft beruhigte sich, nachdem ihr der Gegenstand ihrer Wuth aus den Augen gerückt war.
Die Schweden folgten jetzt dem Feinde, welcher bei Ohlau eine feste Stellung bezogen hatte, auf dem rechten Oderufer; schlugen ihn und trieben ihn auf dem Wege nach Oppeln zurück. Nur vier Kanonen wurden nach Breslau gerettet, das übrige Geschütz fiel den Schweden in die Hände, welche den Feind nicht weiter verfolgten, sondern wieder über die Oder gingen. Am 10. September standen sie wieder vor Breslau, aber diesmal die schwachbefestigte und besetzte Dominsel bedrohend. Diese wurde sammt der Elbinger Vorstadt im Sturm erobert, die kaiserliche Besatzung niedergemacht und alles geistliche Besitzthum der Plünderung Preis gegeben. Die Kanoniker waren entflohen, und die Kirchen wurden zum protestantischen Gottesdienst eingerichtet. Auch die Sandinsel hatte dasselbe Schicksal, nur wurde die Kirche dem bisherigen Cultus nicht entrissen.
In dieser Zeit ward auch die unter der Kreuzkirche belegene Bartholomäuskirche verwüstet. Die Schweden plünderten dieselbe rein aus und bedienten sich ihrer als Pferdestall.

Ungeistliche Prediger (1724)

Johann Georg Steinberger

Den 29. April Sonntag abends hat allhier ein gewesener Thorsteher gepredigt, der weit krümmere Einfälle, ja recht verdrehte Würm und Wanzen im Kopf hatte, und weil folgendentags ein Tischler sich darüber moquirte, kam er deshalben mit einem preußischen Soldaten in heftigen Wortwechsel, daß nicht viel fehlte, es wär ein Tumult oder Schlägerei entstanden; denn der Tischler wollte dem Thorsteher die Schrift handgreiflich erklären und seine vorgebrachte grobe Fehler weghobeln, weshalben sie die Zusammenkunft etliche Tag unterließen, jedoch hernach wieder heimlich fortsetzten und nicht jedermann hinein ließen. Unsere evangelisch-lutherische Geistlichen ärgerten sich nicht wenig über diese ungeistliche Prediger und ihr gleißnerisches Wesen, eiferten heftigst darwider auf allen Kanzeln, weil durch solche scheinheilige Devotion viel Einfältige in Irrthum verführt würden. Der Herr Graf von Zinzendorf hat auch mit hiesigem Herrn Inspektor Burg in Religionssachen unterschiedliche Briefe gewechselt, die in öffentlichen Druck ausgangen, hier aber anzuführen zu weitläufig sind.

Die Preußen besetzen Breslau (1741)

Ferdinand Schmidt

Der Erbprinz von Dessau erhielt Befehl, sich Breslaus zu bemächtigen. Er rückte mit einer Heeresabtheilung herzu und begehrte freien Durchzug durch die Stadt. Die Stadtsoldaten traten in das Gewehr, um die Durchziehenden von einem Thore bis zu dem andern zu geleiten. Da dringen plötzlich zu einem andern Thore preußische Truppen ein, bemächtigen sich der Wälle und sperren die Thore. Der Stadtmajor, der dem Erbprinzen Vorstellungen macht, empfängt die Antwort, er solle seinen Degen einstecken und ruhig nach Hause reiten. Die Anhänger Oesterreichs wagen es nicht, Widerstand zu leisten, und so

sind die Preußen in weniger als einer Stunde Herren der Stadt und nöthigen die Bürgerschaft, den Huldigungseid zu leisten.
Es war in der That für Friedrich die höchste Zeit gewesen, sich dieses wichtigen Platzes zu bemächtigen, denn, wie sich bald ergab, befand sich Neipperg bereits auf dem Marsche nach Breslau. Als er von der Besetzung der Stadt vernahm, kehrte er mit dem Heere zurück.
Am 7. November nahm Friedrich in Breslau die Huldigung der Fürsten und Stände Niederschlesiens bis zur Neisse entgegen. In dem Fürstensaale des Rathhauses bestieg der König in seiner einfachen militairischen Uniform den Thron, während ringsum in dem Aufzuge der Versammelten viel Pracht zu schauen war. Als die Huldigung vor sich gehen sollte, fehlte das Reichsschwert, das dem Gebrauche gemäß der Marschall an der Seite des die Huldigung Entgegennehmenden zu halten hatte. Friedrich wußte sich zu helfen. Er reichte dem Marschall seinen Degen hin, mit dem er Schlesien erobert hatte. Die Versammelten leisteten den Huldigungseid, küßten den Knopf am Degen des Königs und riefen darauf: „Es lebe der König von Preußen, unser souverainer Herzog!" Im Festtagsgewande wogte indeß das Volk dem Marktplatze zu, auf dem ihm nach altem Gebrauch ein gebratener, mit Hasen, Gänsen und Enten gefüllter und mit kleinen Vögeln gespickter Ochse zum Besten gegeben ward. Der König erließ nicht nur der Stadt das übliche Huldigungsgeschenk von hunderttausend Thalern, sondern schenkte derselben auch eine bedeutende Summe zur Vertheilung an die Armen. Noch im November kehrte er nach Berlin zurück. Der Heer blieb in Schlesien.

Die Berennung von Breslau (1760)

Der König von Preußen hat Leut,
Die sein dem Teufel gleich,
Kohlrabenschwarz, kohlrabenschwarz.
Blaue Röcke haben's an,
Westen, sind kein Knöpfe dran,
Wie jedermann wohl weiß.

Der General Bärenklau
Kam vor die Stadt Breslau.
Kohlenrabenschwarz, kohlrabenschwarz.
Er ließ dem Kommandant' 'neinsag'n,
Er müßt' die Festung gleich hab'n,
Er sollt s'ihm geb'n.

Der Kommandant von der Stadt,
Der viel Kourage hat –
Kohlrabenschwarz, kohlrabenschwarz,
Der ließ ihm wieder 'naussagen,
Er tät sein Leben dran wag'n,
Er gäb s'ihm nit.

Drauf fing das Bombardement an,
Wie man's nur wünschen kann –
Kohlrabenschwarz, kohlrabenschwarz.
Hundertundneununddreißig
Bomma ham sie eingeschmeißt:
Etsch! Hab'n s' aber nit kriegt.

Breslau kapituliert vor den Franzosen (1807)

Johann Caspar Friedrich Manso

Breslau, von jeher eine der beträchtlichsten Festen, war es nach dem Siebenjährigen Kriege durch Friedrichs des zweiten Sorgfalt noch mehr geworden. Seine Straßen und Märkte bargen sich hinter drei mächtigen Wällen, von denen der Hauptwall, mit vorspringenden schönen Werken, in der Ferne schon Ehrfurcht gebot. Seine breiten und tiefen Gräben füllten die Ohlau und Oder. Rings in der Ebene lag kein Berg, der beherrschend emporstieg. Einen einzigen Vortheil gewährten den Belagerern die lang gestreckten Vorstädte, die nahe an die Wehrlehne reichten. Dagegen nützte den Vertheidigern die weiche Witterung, in der die Wasser nicht froren, höchstens harschten. Noch hielt sich Glogau, als bereits (den 16. und 17. November) zwei Züge Baiern, meist leichte Reiterei, unter Montbrun und Lefebvre die beiden Oderufer herabschwärmten und den 19. früh einige Bomben in die Stadt sandten. Sie meinten zu schrecken und zu überraschen, wie sonst, dießmal ohne Erfolg. Nach kräftiger Abweisung von dem Walle und zwecklosen Versuchen auf den Bürgerwerder kehrten sie (am 21.) wieder um. Daß sie zurückkommen würden, sagten sie selbst und erwarteten die Einwohner ungesagt.

Indeß war man in des Königs Hauptlager über die Bewaffnung Schlesiens zum Schluß gelangt. Der Oberste, Graf von Götzen, erschien am 3. December in Breslau und entzündete die erloschenen Hoffnungen. Der Fürst von Anhalt-Pleß sei zum ersten Befehlshaber des ganzen Landes ernannt und auf dem Wege. Um die Erhaltung Preußens stehe es so schlimm nicht, wie das voreilige Gerücht melde. Am 5. December kehrte die Reiterei, die zum Spähen ausgesandt war, zurück; die Trommel rief mit einbrechender Nacht die Krieger zur Vertheidigung auf die Wälle, der Graf mußte eilfertig abreisen, und eine Stadt, durch den langen Genuß des Friedens, die Betriebsamkeit ihrer Einwohner und die Gunst des Handels reich und blühend, sah sich plötzlich eingeschlossen, ihre Verbindung mit der Außenwelt unterbrochen und, was sie in einer Reihe von Jahren durch Fleiß und Pflege erworben hatte, vielfach gefährdet.

Am 7. December (es war Sonntag) schwiegen Uhr und Glocke und der Donner des Geschützes ward laut. Ein Theil der Belagerer fing an Laufgräben zu ziehn, während ein andrer sich in die Häuser der Vorstädte warf, um die Belagerten durch das Feuer des kleinen Gewehrs zu beschäftigen, und diese die Gebäude, die jenen zum Zufluchtsorte dienten, zertrümmerten, oder in Flammen setzten. Vor allen Thoren herrschte Schrecken und Unglück, innerhalb meist Sicherheit bis zum 10., wo der Feind in die vollendeten Werke Geschütz führte. Von jetzt an litt vorzüglich die nordwestliche Seite der Stadt in öffentlichen Gebäuden und in Bürgerhäusern, vielfach die Kirche zu Elisabeth und ihr herrlicher Thurm, ein von selbst sich darbietendes, kaum verfehlbares Ziel. Mehr denn einmal zündeten Brandkugeln, doch rastete der Feind, so oft es brannte, und gab Zeit zu löschen. Er bedachte, wie er in der wohlhabenden Stadt seine eigene Unterhaltung zerstöre. Auch an Versuchen zu Überraschungen und an Lockungen zur Übergabe fehlte es nicht. Glücklicher Weise vereitelte Wachsamkeit die erstern und widerstand den letztern der Eifer der Unter-Befehlshaber und der gute Wille der Bürger.

Indeß hatte der Fürst von Pleß aus den Festungen und dem noch freien Lande einen kleinen Streithaufen gesammelt und ihn bewaffnet, wie die Eile gestattete. Mit diesem setzte er sich bei Strehlen, das durch seine Lage überall einen sichern Stützpunkt verhieß, und hoffte Breslau unentdeckt zu erreichen und es mit Hülfe der Eingeschlossenen zu befreien. Aber sei es die Nähe des Feindes, oder der Seinen Unbedacht, – Vandamme, zeitig genug unterrichtet, sandte am 24. December eine überlegene Anzahl Würtemberger und Baiern, unter der Anführung der Feldherrn Montbrun und Minucci, die ihn unverweilt mit großer Lebhaftigkeit angriffen und ins Gebirge zurückwarfen.

Sogleich, nachdem dieser Vortheil errungen war, begaben neue Unterhändler sich nach der Stadt und machten ihn geltend. Das Her- und Hingehen der Unterhändler, das Anliegen der Kaufmannschaft keinen Sturm abzuwarten, die vielfachen Berathschlagungen auf dem Kammerhause, wo der Befehlshaber von Thiele wohnte, – alles weckte die Furcht, daß man sich zum Hingeben entschließen werde, als der Wunsch der beherzten Mittel-Classe der Bürger, die Erklärung wakkerer Krieger von Rang und die Erinnerung an das königliche Gebot noch einmal obsiegten und wieder fallende Schüsse den Anfang neuer Feindseligkeiten verkündigten.

Der Feind aber, so sehr er vielleicht auf die Übelgesinnten und Ermüdeten zählte, hatte doch auch die Zurückweisung als möglich gedacht und die Zeit der Unterhandlung genutzt. Mit regem Fleiß und (was billig befremdete) von den Wällen nicht einmal bemerkt, geschweige gestört, führte er, während der Weihnachtstage, seine Schanzarbeiten weiter fort und beschoß nun auch die südöstliche Seite Breslaus. In kurzem erlitt diese, was die andre früher erlitten hatte. Mehrere Feuer brachen aus; in den Häusern häuften sich Schutt und Trümmer, und die Zahl der verwundeten Bürger wuchs. Da erhob sich, ganz unerwartet, noch einmal die Hoffnung befreit zu werden. Von den Thürmen herab und auf den Basteien des Walls sah man in der Frühe des 30. Decembers das Dorf Dürgoy in Brand, und Gefecht in der Gegend von Krietern. Es war wieder der Fürst von Pleß, der am 28. mit etwa acht oder zehn tausend Mann von Neiße aufbrechend, die Feinde überraschte und sie im Vertrauen auf die Mitwirkung der Belagerten angriff. Seine Erwartung ward nicht erfüllt. Nach einem mehrstündigen Kampfe, den er ganz allein unterhielt, mußte er der überlegenen Menge weichen.

Nach dem abermals mißlungenen Versuche des Entsatzes, bot der Feind von neuem alle Gewaltmittel auf, um zur Nachgiebigkeit zu vermögen, und erreichte endlich auch seinen Zweck. Am 3. Januar Nachmittags schwieg rund umher das Geschütz. Noch vor Abend verbreitete sich, von der höhern Behörde ausgehend, die Nachricht, es sei Waffenstillstand verabredet, und am 5., man unterzeichne die Über-

gabe. Bald darauf standen die Wälle von ihren Vertheidigern entblößt, und die Bande des Gehorsams, wie es in eroberten Städten zu gehen pflegt, lösten sich auf. Der schutzlose Bürger fing an zu fürchten und des Feindes Einzug zu wünschen.
Am 7. Januar früh um sieben Uhr verkündigte der wiederkehrende Ton der Schlaguhr die Wiederkehr, wenn nicht der alten doch einer friedlichen Ordnung der Dinge. Die einheimische Besatzung, etwa sechstehalb tausend Mann, zog noch an demselben Vormittag aus und die Würtemberger und Baiern ein, am 8. Nachmittags mit glänzendem Gefolge der Prinz Hieronymus. An der Wehrlehne der Festung streckten die Ausziehenden die Waffen und verfolgten von da den Weg nach Frankreich, mit Ausnahme der Jäger, die zu ihren Herrschaften, und der Ausgedienten und Verheiratheten, die zu den Ihrigen zurückkehren durften. An zehn tausend Kugeln und Bomben waren in die Stadt gefallen, über hundert und dreißig bürgerliche Einwohner verwundet oder getödtet; mehr als vier Millionen, hauptsächlich durch die Einäscherung der Vorstädte, vernichtet, schönes Geschütz und reicher Schießbedarf, wie immer, die Beute der Überwinder. Der Stadt stand von nun an der Oberste von Stengel vor. Die siegreichen Würtemberger und Baiern befahl der Kaiser zu beloben.

Wie die Breslauer böse Schulden einkassierten (1813)

Friedrich Rückert

General Vandamme,
Welchen Gott verdamme:
Da er in Breslau lag,
Trank er viel und aß er,
Das Bezahl'n vergaß er,
Ritt davon und sprach:
„Jetzt bezahl' ich nichts,
Doch vielleicht geschicht's,
Komm ich zu euch wieder,
Dann zahl' ich alles nach.“

General Vandamme,
Welchen Gott verdamme!
Da er bei Kulm verlor,
Kamen wir gegangen,
Führten ihn gefangen
Nach Breslau, vor das Thor.
Wie sie's d'rin vernommen,
Vandamme ist gekommen,
Tritt der Bürgermeister
Mit einem Zettel hervor.

General Vandamme,
Welchen Gott verdamme!
„Exz'lenz, Herr General!
Sie werden sich mit Hulden
Erinnern Ihrer Schulden
Von dem letztenmal;
Hier auf diesem Zettel
Steht der ganze Bettel;
Ob Sie's wollen bezahlen,
Steht in Ihrer Wahl."

General Vandamme,
Welchen Gott verdamme!
Er macht kein Hinderniß,
Läßt Tint' und Feder kommen,
Und stellt auf die Summen
Einen Wechsel auf Paris.
„Jetzt wollen bei den Schulden
Wir uns nicht lang' gedulden;
Morgen sie einzukassiren,
Gehn wir nach Paris."

Die erste Gasbeleuchtung

Robert Bruckner und J. Stein

In demselben Jahre (1847) ward Breslau endlich mit der Gasbeleuchtung beschenkt. Am 23. Mai 1847 wurden zum ersten Male die Straßen der Stadt mit Gas beleuchtet. Die einzelnen Flammen, welche die Form eines großen Tulpenblattes haben, brennen in Laternen, deren oberer und unterer Rahmen nur durch einen Seitenstab in einer den Häusern zugekehrten Ecke zusammengehalten werden, so daß die Erde gleichmäßig erhellt wird und das störende Einfallen der Spaltenstreifen vermieden ist. Die Verhandlungen zwischen der Stadt und der betreffenden Gesellschaft hatten sehr lange gedauert. Schon 4 Jahre vorher wurden Versuche angestellt; so fand am 1. Juni 1843 eine Probe mit Sonnen-Gas-Beleuchtung statt in der hinter dem Freiburger Bahnhofe gelegenen Anstalt der sogenannten Sonnengas-Compagnie; viele Mitglieder der städtischen und königlichen Behörden wohnten derselben bei. Wenige Monate später wurde in dem Bierkeller des auf der Ohlauer Straße gelegenen Held'schen Hauses ein Versuch mit comprimirt-portativem Gase von derselben Gesellschaft gemacht.
Im April des J. 1845 wurde der Contrakt zwischen der Stadt-Commune einer und dem Justizrath Szarbinowski, Partikulier Friedländer und Commissions-Rath Blochmann aus Dresden (als praktischem Direktor) anderer Seits abgeschlossen. Danach verpflichteten sich die Unternehmer, sämmtliche Straßen innerhalb des Stadtgrabens und des Oderstromes auf 25 Jahre zu beleuchten, und jeder öffentlichen oder Privatanstalt innerhalb dieser Stadttheile Gaslicht zu liefern. Ferner mußten sie alle Apparate, Gebäude, Röhren usw. auf eigene Kosten herstellen, so daß die Commune nur die im Contrakt festgesetzten Preise für die öffentliche Beleuchtung gewährte. Die Beleuchtung auf dem Ringe, Blücherplatze und in den Hauptstraßen sollte binnen 18 Monaten, in den übrigen Straßen binnen 3 Jahren in Ausführung gebracht werden. Jede Gasflamme soll contraktlich fünf preußische Kubikfuß gutes gereinigtes Gas in der Stunde consumiren, und mit der Lichtstärke einer Carcel-Lampe erster Klasse von einem Durchmesser des Dochtes von 30 Millimeters und einer Öl-Consumtion von 42 Grammes in der Stunde durch die ganze Brennzeit in gleicher Helle fortbrennen. Die Normalbrennzeit der öffentlichen Beleuchtung ward auf 2000 Stunden jährlich festgesetzt und vom Magistrat eine Tabelle für den Zeitpunkt des Anzündens und Auslöschens der Flammen an jedem Tage des Jahres im Voraus angefertigt.

Für jede Straßenflamme bei dieser Brennzeit von 2000 Stunden zahlt die Commune eine jährliche Vergütung von 15 Rthlr., für Extrabeleuchtungen den Preis von 2 3/4 Rthlr. pro Stunde. Über die Abgabe von Gaslicht an Privatpersonen behielten sich zwar die Unternehmer vor, in jedem einzelnen Falle ein besonderes Abkommen zu treffen, jedoch verpflichteten sie sich in den Straßen, wo die öffentliche Gasbeleuchtung eingeführt sei, jedem Hausbesitzer zur äußern Erleuchtung der Straßenfronte die Gasflammen zu denselben Preisen zu liefern, wie die öffentliche. Zur Beleuchtung im Innern versprachen sie das Gaslicht in fünf Klassen: 1) durch Fledermausbrenner wie die Straßenflammen, 2) durch 16 Lochbrenner, 3) durch 12, 4) durch 5, und 5) durch 3 Lochbrenner und zwar zu den billigsten Preisen zu liefern, deren Maximum pro Stunde denjenigen Betrag nicht übersteigen solle, welches sich nach Verhältniß der Gasconsumtion jeder Klasse zu dem Preise von 3 Rthlr. 5 Sgr. pro 1000 Kubikfuß ergiebt. Wie viel jede Klasse durchschnittlich pro Stunde normalmäßig zu consumiren hat, müssen die unter Kontrolle des Magistrats in der Anstalt für jede Klasse aufgestellten Normal-Gaszähler ergeben.

Wohnungsnot um das Jahr 1925

Ernst Kieseritzky

Der Breslauer Arbeiter wohnte von je sehr enge, viel zu enge. Es ist nun allerdings schon einige Jahrzehnte her, da bestand seine typische Wohnung bloß aus einem Zimmer ohne jedes helle Beigelaß. Gekocht wurde meist in einer fensterlosen Kammer. Das hat sich freilich im Laufe der Zeit gebessert, aber nur in langsamen Schritten. Wenn man stattdessen sich eine Zweizimmerwohnung mit heller Küche als Norm wünscht, so ist das nicht das übertriebene Ideal verstiegener Sozialpolitiker, sondern oft nichts als die Notdurft. Aber tatsächlich herrschte sie erst in den Neubauten der letzten Friedensjahre wirklich vor. Die Mehrzahl der Breslauer Kleinwohnungen hat auch heute nur einen vollwertigen Wohnraum. In anderen Städten, im Westen, im Süden, aber auch im Norden Deutschlands liegen die Dinge weit günstiger, und darum bringt die Wohnungsnot für viele Breslauer Einwohner ei-

nen Zwang mit sich, bitterer und böser als anderwärts. Es gab für sie im Grunde gar keine Möglichkeit, noch mehr als bisher am Wohnraum zu sparen. Diese alte Einzimmerwohnung wird doch auch für den Bescheidensten ungenügend, wenn Kinder heranwachsen, und gar Kinder beiderlei Geschlechts. Aber in wie vielen Fällen muß sie heutzutage auch dann ausreichen, weil es eben eine Wahl nicht gibt.
Bei überfüllten Wohnungen denkt man zuerst an die hygienischen und sittlichen Nachteile; und gewiß mit Recht. Aber die Einwohner selbst tun es vielleicht am wenigsten. An Hygiene erinnern sich die meisten ja erst, wenn das Siechtum schon da ist. Und doch, was für eine Geißel ist die Krankheit, und gar die ansteckende Krankheit, wenn sie in die überfüllte Wohnung einzieht, oder wenn der Schwindsüchtige seine Zimmergenossen ständig bedroht. Der Wohnungskommissar kann selbst solchen äußersten Nöten nicht überall und sofort abhelfen, wenn er sie auch vorzugsweise bedenkt. Er kann auch nicht jede angeblich nasse Wohnung sperren. Die Wohnungsaufsicht hat freilich ihre Tätigkeit wieder aufgenommen, aber sie vermag schließlich Niemanden aus seiner Wohnung zu vertreiben, wenn sie keinen Ersatz anzubieten hat.
Meist ist es jedoch das einzige Ungesunde, daß der Luftraum fehlt, und da zuckt eben jeder mit den Achseln. Doch auch dieser Mangel kann uns schon sehr in Nase und Lunge stechen. In stickigster Luft am Morgen sich ankleiden und frühstücken, das ist übel, und im Winter, wo nicht viel gelüftet werden kann, wird es in mancher Häuslichkeit den ganzen Tag über kaum besser. Man bedenke, daß man diese Kleinwohnungen in den wenigsten Fällen durchzulüften vermag. Es ist auch kein großer Trost, daß unsere zugluftscheuen deutschen Menschen oft sogar da nicht durchlüften, wo sie es können.
Mehr als dies lastet auf den Eingepferchten der tägliche Ärger, den die enge Wohnung macht. Man kann sie ja kaum sauber halten. Wie viel Müll sammelt sich auf der Diele, wieviel Staub auf allen Möbeln, wenn sich die Menschen so drängen. Und die Hausfrau vermag beinahe kein Tischchen zu verschieben, um auszufegen und aufzuwischen. Wenn man sich über irgend etwas aussprechen will, darf man nicht darauf Rücksicht nehmen, daß andere in den Betten schlummern wollen. Kinder haben ja einen zu gesunden Schlaf, um sich dadurch wekken zu lassen. Aber oft ist es auch der Mann, der Nachtarbeit hat, und sich am Tage ausschlafen will. Der Schlafende stört die Wachen in ihrem einfachsten Behagen, die Wachenden stören den Müden in seiner Ruhe. Oder wenn gar, wie jetzt oft, zwei Familien in einer Wohnung hausen und auf denselben Herd angewiesen sind, welcher Zank, auch

zwischen den Nächsten? Der Mann der Mutter kommt um 3 nach Hause, der Mann der Tochter um 4, jeder hungrig, hoffend, fordernd, daß ihm sein Essen gleich aufgetragen wird. Dann kann man sich nicht wundern, daß die Leute überreizt und verbittert auf einander, auf den Magistrat und auf alle Welt schimpfen.

Gerade in den schlimmsten Fällen, wo erwachsene Kinder in dem Haushalt ihrer Eltern wohnen bleiben müssen, wäre meist Geld genug vorhanden, um den Umzug in eine größere Wohnung zu bezahlen. Denn es sind ja mehrere Verdiener da. Aber selbst zum Tausch kommt es so schwer. Jeder Anwärter schreckt zurück, wenn er in die Enge solcher Wohnungen blickt, und er bedenkt nicht recht, daß seine eigenen Möbel diesen Raum viel weniger füllen würden. Zudem, was einmal übervölkert ist, das ist auch schnell verwohnt und kann dann niemanden mehr locken.

Entstanden ist die Not, weil nach dem Kriege viel junge Paare, die einen Haushalt gründen wollten, mit ihrer Nachfrage auf den Markt kamen. Aber der Grund, daß sie geblieben und gewachsen ist, war doch ein anderer. Man bedenke: im Jahre 1923 hat sich die Einwohnerzahl Breslaus vermindert. Sie betrug nach der Fortschreibung am Anfang dieses Jahres 563 007 und am Ende nur 561 644. Aber in der gleichen Zeit ist die Zahl der unbefriedigten Wohnungssuchenden um 3061 gewachsen. Hätte in Friedenszeiten eine Großstadt mit sinkender Bevölkerung wirklich jährlich tausende von Wohnungen neu bauen müssen? In der Regel hätten doch die jungen Paare und die Zuziehenden in den Wohnungen der Gestorbenen oder Weggezogenen Platz gefunden. Warum ist das jetzt nicht mehr der Fall?

Nun, der Wohnungswechsel geht eben nicht mehr so glatt von statten. Auf den Wohnungskommissar können die Wenigsten rechnen, und es bliebe also lediglich der Tausch. Das ist aber nur ein Weg für Leute, die aus irgend einem Grunde umziehen müssen. Früher zogen eine Menge Familien auch schon deswegen um, weil sie sich etwas bequemer oder billiger, behaglicher oder stattlicher einrichten wollten. So kleine Wünsche schlagen heute nicht durch. Ein Tausch würde sie ja meist garnicht erfüllen können, hat man doch dabei keine Auswahl und muß nehmen, was angeboten wird. Zudem haben manche, zum Beispiel Brautpaare, überhaupt nichts zu tauschen. Oder die Ehepaare, die sich mit möblierten Zimmern begnügen konnten, so lange sie allein waren. Aber nun ist ein Kind nach dem anderen gekommen, und es geht wirklich nicht mehr. So wächst die Nachfrage, aber ein Angebot zeigt sich nicht. Denn wer nicht durch solche Not gezwungen ist, hält fest, was er hat.

Kurz und gut, der Wohnungswechsel stockt. Es ist Sand in der Maschine. Im Jahre 1913 zogen 30 624 Familien um, 1922 nur 9357, und gelt, man wundert sich, daß es noch so viele waren.

Kapitulation 1945

Johannes Kaps

Der am 8. 2. 1945 erneut in Gang kommende russische Angriff aus den Oder-Brückenköpfen von Steinau und Brieg führte am 12. 2. 1945 zur endgültigen Einschließung der Stadt. Die schweren Kämpfe, die diese Einschließung verhindern sollten, . . . gaben der Festungsbesatzung die Möglichkeit, ihre Stellungen im Verteidigungsring der Festung zu beziehen.
Rund 40 000 Soldaten und eine Einwohnerzahl zwischen 150 000 und 200 000 Seelen wurden durch eine russische Armee von 12–13 Divisionen, also von einer vierfachen Überlegenheit, eingeschlossen.
Die Verbindung der Stadt zur Außenwelt wurde auf den Luftweg beschränkt, für den die Festung in ihrem Flughafen Gandau einen vorzüglichen und leistungsfähigen End- und Ausgangspunkt besaß. Die Kämpfe vor der Einschließung hatten an den Munitions- und Betriebsstoffvorräten der Festung bereits erheblich gezehrt, so daß die Munitionslage der Verteidiger bereits in den ersten Tagen der Abwehrkämpfe ernst wurde. (. . .)
Aber die Hoffnung hatte getrogen. Die für den Entsatz vorgesehenen Panzerdivisionen wurden zur Abwehr russischer Durchbruchsversuche in Oberschlesien dringend benötigt. Damit war das Schicksal Breslaus um die Mitte des März eigentlich besiegelt. (. . .) Daß die Besatzung und Bevölkerung noch weitere sechs Wochen durchhielt, war wohl nicht mehr das Ergebnis nationalsozialistischen Wollens und Terrors, sondern eine andere tiefere Erkenntnis in den Seelen dieser gequälten Menschen, die sich darüber in der Not dieser Tage vielleicht selbst gar nicht bewußt geworden sind. (. . .)
Ostern 1945, sonst das Fest des Erlösers der Menschen, sonst von den unzähligen Kirchenglocken Breslaus jubelnd begrüßt, sah die fürchterlichste Beschießung der Stadt aus unzähligen Rohren der russi-

schen Artillerie, sah die pausenlosen Luftangriffe der russischen Flieger im rollenden Einsatz. Noch immer wehrten sich die Deutschen. Noch immer ratterten ihre Maschinengewehre gegen die vorquellenden russischen Massen, deren Angriffe nun auch auf die Front ostwärts der Oder übergriffen, die sich nun auch im Südwesten der Stadt langsam in das Weichbild der Stadt hineinfraßen; noch immer schleuderten die Batterien von den Straßen und Plätzen im Innern der Stadt ihre sorgsam gehütete Munition in die asiatischen Sturmkolonnen, trugen Fallschirmjäger und Jugendabteilungen ihre Gegenstöße zur Wiedererringung wichtiger Stellungsteile vor, noch immer arbeiteten Frauen und Mädchen, Buben und Greise im Nachschub, im Stellungsbau, an der Brandverhütung, flickten Nachrichtenhelferinnen im Feuersturm die immer wieder zerschossenen Fernsprechkabel als die unentbehrlichen Nervenstränge der Führung.
Am 20. 4. wußte General Niehoff um den Beginn der Schlacht von Berlin und wußte, daß hier ein Ende kommen mußte. Noch hielt aber der Gauleiter die tatsächliche Macht in der Hand. Er soll zu Anfang Mai im Flugzeug die ihm anvertraute Stadt und Festung verlassen haben.
Am 5. Mai 1945 baten die Geistlichen beider Konfessionen, dabei der Weihbischof von Breslau, den Festungskommandanten, dem unsäglichen Leid ein Ende zu bereiten.
Am 7. Mai kapitulierte die Festung Breslau, 24 Stunden vor der deutschen Gesamtkapitulation.

Die Universität

Die packendste Schöpfung des Jesuitenstils

Professor Dr. Habel

Wuchtig hingelagert am kraftvollen Strome der Oder liegt der mächtige langgestreckte Barockbau der Universität, die packendste Schöpfung des Jesuitenstils. Schon im Jahre 1409 war Breslau, das damals etwa 21 000 Einwohner zählte, nahe daran, Universitätsstadt zu werden. Infolge der Verschärfung der nationalen und religiösen Gegensätze an der Carolina in Prag wanderten die außerböhmischen deutschen Dozenten und Studenten, auch Schlesier waren darunter, von der Moldau weg. Breslau war nur kurze Zeit in ihrem Gesichtskreise, Leipzig schien ihnen günstiger zu liegen. Andere Schlesier gingen nach Krakau, wo seit 1400 die Universität im Aufblühen begriffen war. Der übermächtige Einfluß dieser Jagiellonenuniversität und der Widerspruch des Papstes Julius II. haben 100 Jahre später die Bemühungen des Rates der Stadt und des kunstfrohen Bischofs Johannes IV. Roth um die Errichtung einer städtischen Universität vereitelt (Stiftungsbrief des Königs Wladislaus von Böhmen und Ungarn am 20. Juli 1505). Es war Breslaus große Zeit, die erste Hälfte des 16. Jahrhunderts.

Bezeichnet doch Melanchthon in einem Briefe unsere Stadt als domicilium humanitatis und preist er an einer anderen Stelle den Rat als Senatum munificum in iuvandes Literarum et artium studiis. Wieder vergingen 200 Jahre bis 1702; da errichtete der Orden der Jesuiten durch ein Privileg des Kaisers Leopold I. eine hohe Schule, die Leopoldina. Diese Universität ist, wie Georg Kaufmann sagt, nur in ihrer katholisch-theologischen Fakultät als ein Vorläufer der heutigen zu betrachten. Ihr Heim war die baufällige Kaiserburg Karls IV., in der zuletzt der Winterkönig auf seiner Flucht gewohnt hatte und kalvinistischen Gottesdienst hatte abhalten lassen. Da erstand durch die tatkräftigen Bemühungen des Rektors Wentzel unter Leitung des Stadtbaumeisters Christoph Hackner seit 1728 der prächtige Barockbau, der erst 1743 fertig gestellt wurde.

Im Jahre 1811 wurde durch die Vereinigung der Viadrina in Frankfurt a. O. mit der Leopoldina die Universitas litterarum Vratislaviensis begründet (Stiftungsurkunde vom 3. August), die im Jubiläumsjahre 1911 (3. August) in die Schlesische Friedrich-Wilhelm-Universität umgetauft wurde. So fand der edle Barockbau eine seiner würdige Bestimmung, ein Förderer des wissenschaftlichen Lebens, eine Pflegestätte idealer Gesinnung, ein Hort der Vaterlandsliebe, ein Heim deutscher Sitte und Art zu sein.

In den Spätwintertagen des Jahres 1813 war Breslau der „Brennpunkt des größten geschichtlichen Ereignisses“ und die junge Universität der Ausgangspunkt der vaterländischen Begeisterung. Rief doch der Professor der Physik und Mineralogie Henrik Steffens, ein geborener Däne, durch seinen zündenden Vortrag am 8. Februar in seinem Hörsale im Konviktgebäude Studenten und Bürger zum Kampfe für die Befreiung des Vaterlandes auf, unter den Augen des französischen Gesandten, noch ehe der Krieg erklärt war; und am 1. August 1914 sah die Aula Leopoldina einen gleichen Ausbruch vaterländischer Begeisterung, als der Geschichtsprofessor Georg Kaufmann bei der Abschiedsfeier für die ins Feld rückenden Studenten packende Worte an sie richtete.

Es ist eine schwere Aufgabe, hier nur einige Namen von Professoren aufzuzählen – von Lebenden zu schweigen –, die als freie Forscher und als selbständige Männer im wissenschaftlichen, wirtschaftlichen, politischen und gesellschaftlichen Leben der Stadt eine führende Rolle gespielt und dadurch Breslau mehr als früher zum geistigen Mittelpunkte Schlesiens gemacht haben. Ich nenne Theodor Mommsen, der von 1854 bis 1858 in Breslau römisches Recht lehrte und hier seine römische Geschichte, eines der größten historischen Kunstwerke geschrieben hat; Ferdinand Roemer, Heinrich Göppert, Ferdinand Cohn, Robert Wilhelm Bunsen, Robert Kirchhoff, Gottfried Galle, Adolf Stenzler, Friedrich Ritschl, Franz Passow, Friedrich Haase, Wilhelm Studemund, Friedrich von Raumer, Karl Weinhold, Johannes Purkinje, Rudolf Heidenhain, Johannes Mikulicz, Richard Förster und viele andere. Weitere Kreise wird es interessieren, zu hören, daß Gustav Freytag hier, ehe er selbst im Jahre 1839 Privatdozent wurde, in das weite Gebiet der germanischen Altertumskunde von Hoffmann von Fallersleben eingeführt wurde.

Die Leopoldina feiert hundertjähriges Jubiläum

Joseph von Eichendorff

Da soeben 100 Jahre verfloßen waren, seitdem die leopoldinische Universität zu Breslau gestiftet worden ist, so faßte die Schuldirektion den Entschluß, diese in der That wichtige Epoche den 18t. August, also grade an dem Tage vor dem Anfange unserer Vacantz durch ein Fest zu feyern, wozu theils die Studenten, theils auch der Minister die Kosten trug. Es wurde auf folgende Art gehalten. Früh um 1/2 5 wurden auf dem mathematischen Thurme eben bey Sonnenaufgang nach allen 4 Weltgegenden hin Intraden gemacht und das Te Deum laudamus abgeblasen, welches bald alle Fenster in dem benachbarten Theile der Stadt mit beschlafmützten Köpfen garnirte. Auch ich befand mich oben, von da ich mit Entzüken in die Fluren hinblikte, die ich morgen besuchen sollte, und von denen die steigende Morgenröthe langsam den nächtlichen Schleyer hob. Gegen halb 9 versammelten sich alle Studenten und eine solche Menge fremder Menschen und Nobilioren, daß bis 9 Uhr die Aula ganz gepfropft voll war, ohngeachtet 4 Mann Wache: nemlich 2 Mann unten bey der Pforte und 2 Mann oben an der Aulathüre nebst dem H. Secr. Wilde sich alle mögliche Mühe gaben fremde und unbekanndte Personen zurückzuweisen. Um 9 Uhr endlich erschienen alle Proffeßoren in einem feyerlichen Aufzuge, den der Minister Hoym selbst beschloß, in der Aula. Hier wurde nun die Feyerlichkeit durch die Absingung einer von H. Proff. Ender absichtlich dazu verfertigten, und von Schnabel in Musik gesezten Cantate eröffnet und dann hielt der H. Direktor Skeide eine sehr schöne Rede, welche beynahe über eine Stunde lang dauerte. Als auch diese geendigt war, hielten die beyden Proffeßoren H. Steiner und Heyde lateinische Anreden, während welchen die H. Weyhbischof v. Schimonski, Proff. Schummel, Rector Manso und der Pastor Wunster zu Doctoren der Theologie geschmiedet wurden, indem ihnen nemlich der H. Notarius Wachsmann auf einem goldnen Kißen einen rothen Doctor-Hut und Mantel überreichte, den sie anrührten. Auch wurden zu dieser Zeit die verschiedenen lat. und deutschen Jubellieder ausgetheilt. Zu Mittag endlich hielten die gesammten Professoren in dem Sacello, welches zu diesem mit einem Bildniße des Ministers ausgeschmückt war, ein kostbares Gastmahl, bey welchem auch der Gr. v. Hoym und die vornehmsten Häupter Breslaus gegenwärtig waren. B – R –. Als nun auch dieses geendigt war, schritt man zu dem vorzüglichsten Actus. Es wurde nemlich des Abends in allen 3 Facultäten bey Fakelschein ein feyerlicher Zug durch die gantze Stadt gehalten, zu welchem gewiße Anführer erwählt worden sind, welche alle blaue Fraks, Epaulets, weiße Unterkleider, dreystutzige Hüte, Sporen, Agraphen und Federbüsche tragen mußten. Die philosophischen Anführer hatten halb weiße halb blaue, die Gymnasiasten weiße und grüne, und die theologischen schwarze Federbüsche. Um 7 Uhr schon versammelten sich alle Schulen in ihren Hörsälen, und um 1/2 9 Uhr endlich nahm der Zug zum Vergnügen des Volkes den Anfang, womit die ganzen Gaßen Breslaus besät waren. Den ganzen Zug führte der H. Kandidat Wychota in der Begleitung des jüngsten Grafen Magnis und des Haugwitzes, an, welche 3 es immer zuvor einem jedem, dem ein Vivat gebracht werden sollte, melden mußten. Dann folgte ein Corps Musik und darauf eine rothe gemahlte Fahne, welche der H. v. Strachwitz trug. Dießelbe begleiteten: der älteste Gr. Magnis, Carové, mein Bruder und Thiel. Dann folgten alle andern Klaßen des Gymnasiums, welche unter ihre Anführer vertheilt waren. Ich führte die letzte Manipel der 6t. Classe an und der Ant. Fritsch beschloß das Gymnasium. Dann folgte die philosophische und theologische Facultät, denen die Scepter vorgetragen wurden. Jede Facultät hatte ihr eignes Corps Musik, und den gantzen Zug endlich endigte ein C(orps) türkischer Musik. Der Zug gieng zuerst zum Minister, dann zum Pilsach, zur Regierung, dem Platzmajor, Gr. Haugwitz Director, Regens, Exdirector etc. denen allen ein Vivat Hoch gebracht wurde. Dann endlich wurden vor dem Collegio den Proffessoren und zulezt allen Studenten gevivatirt und als auch dieß vorbey war, marschierte der Zug endlich wieder ins Collegium zurük. Hier durchkreuzten nun noch die Studenten mit Brennfakeln die Gänge des Collegiums und zerstreuten sich endlich um halb 12 Uhr, nachdem sie noch dem Pedell und der Jechhofen ein Pereat gebrüllt hatten, mit dumpfen Gelächter nach allen Gaßen der Stadt hin.

Die Eröffnung der Universität nach der Neuorganisation 1811

„Schlesische Zeitung"

Da am Montag, den 21. Oktober, dem höchsten Befehl gemäß, die Vorlesungen auf der hierselbst neu organisierten Universität ihren Anfang nehmen sollen, so hatte die hochverordnete akademische Organisationskommission die Feierlichkeit der Eröffnung der Universität auf Sonnabend, den 19. Oktober, anberaumt.

Die hiesigen Autoritäten, die hohe Geistlichkeit, die sämtlichen Ortsbehörden und eine Menge der ausgezeichnetsten Personen der Stadt und der Provinz, versammelten sich auf die ergangene Einladung vor 10 Uhr morgens in dem großen Promotionssaale der Universität, sonst Aula Leopoldina genannt, der durch die roten, mit Gold bordierten Decken, welche sowohl den großen Katheder als auch die für den Kurator und Rektor und die Fakultäten bestimmten erhöheten Sitze verzierten, besonders aber durch das von dem hiesigen Künstler Herrn Thilo sehr ähnlich in Lebensgröße verfertigte, über dem großen Katheder aufgestellte Bildnis Sr. Maj. unsers allgeliebten Königs, für diese Feier eigens geschmückt war. Auf den Stufen zur rechten Seite des großen Katheders sah man die beiden der bisherigen Universität Frankfurt von Gustav Adolf geschenkten silbernen Zepter von zwei Studiosen auf rotsammetnen Kissen getragen; zur Linken hielten drei Studiosen die drei größeren Insignien der bisherigen Universität aufrecht. Mehr vorwärts in der Mitte lag auf dem mit rotem Samt bedeckten Altartisch der für den Rektor bestimmte vergoldete Zepter der neuen Universität auf einem Kissen von Drap d'Argent. Sechzehn Studierende als Marschälle, an deren versilberten, mit vergoldeten Knöpfen versehenen Stäben in seidenen Bändern die schlesischen Provinzialfarben blau-gelb prangten, und auf deren blauen Schildern in goldenen Buchstaben der Name der neuen Universität, Viadrina Vratislaviensis, zu lesen war, befanden sich in dem mittleren Gange des Saales von der Türe bis gegen den Katheder verteilt.

Mit dem Schlage 10 Uhr trat die akademische Organisierungskommission an der Spitze des gesamten Personals der Universität, hinter welchem sich die bedeutende Zahl von Studierenden anschloß, in den Saal und wurde von dem Chor mit Intraden empfangen. Die Kommission nahm ihren Platz hinter einem grünen Tische unterhalb des Katheders zur Rechten, der designierte Rektor mit den Dekanen ihr gegenüber zur Linken, die Herren Professoren, und zwar die geistlichen in dem Amtsornate, die weltlichen schwarz und mit dem Degen bekleidet, in dem für die Fakultäten bestimmten erhöhten Sitzen an der Seite des Saales.

Nachdem die Ouverture beendigt war, welche unter der Direktion des Herrn Kapellmeisters Schnabel von dem Chor ertönte, betrat der Herr Professor Schneider von der ehemaligen Frankfurter Universität den Katheder, und begrüßte in einer lateinischen Rede, im Namen der erwähnten älteren, die jüngere hier vorhandene Universität, welche Begrüßung der Herr Professor Hoffmann, als Organ der letzteren, gleichfalls durch eine lateinische Rede mit Herzlichkeit beantwortete. Während einer ausdrucksvollen Musik, welche auf diese Rede folgte, wurden sodann die Insignien beider bisherigen Universitäten in eine feierliche, die Vereinigung dieser Institute symbolisch andeutende Stellung mitten vor den großen Katheder gebracht.

Sodann las der Universitätssyndikus, Herr Jungnitz, nach der Aufforderung des Herrn Staatsrats Schultz im Namen der akademischen Organisierungskommission mit lauter Stimme eine Denkschrift vor, durch welche der Versammlung der ganze Umfang der Gnade Sr. Königl. Majestät, als des erhabenen Stifters der nunmehr vereinigten neuen Universität, nebst folgenden Ernennungen bekannt gemacht wurde: Als Kurator der Universität: der Königl. Kammerherr, Geh. Rat und Generallandschaftsdirektor, Herr Johann Wenzel Graf v. Haugwitz. Für das erste Jahr als Rektor: der königl. Geh. Medizinalrat und Professor, Herr Dr. Karl August Wilhelm Berends. Für das erste Jahr als Dekan der protestantisch-theologischen Fakultät: Herr Konsistorialrat und Professor Dr. Johann Christian Wilhelm Augusti; der katholisch-theologischen Fakultät: Herr Professor Dr. Anton Scholz; der juristischen Fakultät: Herr Kriminalrat und Professor Dr. Christian Meister; der medizinischen Fakultät: der als Rektor bereits erwähnte Herr Geh. Medizinalrat Dr. Berends; der philosophischen Fakultät: Herr Professor Dr. Johann Gottlob Schneider.

Hierauf wurde der Kurator, Herr Graf v. Haugwitz, nach abgelegter Stipulation von dem Herrn Staatsrat Schultz den für ihn bestimmten erhöhten Sitz zur Rechten des Katheders einzunehmen ersucht und von zwei Marschällen dorthin begleitet. Sodann leistete der Rektor, Herr Geh. Rat Berends, auf den von dem Syndikus ihm präsentierten Zepter der neuen Universität den Eid in lateinischer Sprache und wurde gleichfalls von zwei Marschällen zu dem für ihn bestimmten erhöhten Sitze ab der linken Seite des Katheders geführt. In diesem Augenblick erscholl ein kräftiger, vom Herrn Kapellmeister Schnabel komponierter Choral auf die Worte:

Herr! gründe, stärke und erhalte
Die Neuvereinte Dir,
Der Geist des Lichts, der Geist der Wahrheit walte
Von nun auf ewig über ihr!

welcher eine rührende, der Feier würdige Stimmung verbreitete und durch zahlreiche Stimmen der im Saale befindlichen Studierenden wiederholt wurde.

Eine von dem Herrn Geh. Rat Berends als Rektor von seinem Sitze herab an die Versammlung gehaltene ernste Rede in lateinischer Sprache machte den Beschluß der Solemnität im Saale; und als hierauf, der getroffenen Anordnung zufolge, ein feierlicher Marsch an der Türe des Saales ertönte, um den Zug nach der Kirche zu führen, trat überraschend der Dekan der philosophischen Fakultät, Herr Professor Schneider, hervor und übergab mit einer kurzen lateinischen Anrede dem Herrn Staatsrat Schultz namens der Fakultät das Doktordiplom.

In der Kirche, deren Chöre schon vor dem Eintritt des Zuges von mehreren hundert Damen besetzt waren, wurde nun, nachdem in dem Presbyterio, unter feierlicher Aufstellung der Insignien und unter dem Schalle der Pauken und Trompeten, die Universität auf den für sie eingerichteten, rot beschlagenen Seitenbänken, die Versammlung aber davor auf Stühlen und Bänken Platz genommen, und durch die nunmehr geöffneten Türen eine unzählbare Menge Volkes zugeströmt war, der Ambrosianische Lobgesang von vier Stimmen intoniert und hierauf das große Te Deum von Hasse durch Herrn Kapellmeister Schnabel mit einem mehr als hundertstimmigen Chor von Sängern und Instrumenten überaus beifallswürdig exekutiert.

So endigte unter den heiligsten Wünschen für das eröffnete Institut und seinen königlichen Stifter diese denkwürdige Feierlichkeit, zu deren Verherrlichung ein Gedicht von dem Gymnasio zu Brieg in lateinischer, von der hiesigen fürstbischöflichen Hofbuchdruckerei in deutscher Sprache, von dem Universitätsbuchdrucker Herrn Barth aber ein mit vielem Aufwande gedrucktes Gedicht in 21 Sprachen, welche sämtlich in Breslau gelehrt und gesprochen werden, verteilt wurden. Von diesem letzteren Gedichte ist der Universitätsbibliothek ein Exemplar auf unverbrennlichem Papier, dergleichen Herr Barth von den im schlesischen Gebirge gesammelten Materialien verfertigen läßt, zur Aufbewahrung übergeben worden.

Der Turnplatz (1817)

Wolfgang Menzel

Im Winter 1816/17 trieben wir, ich mit Haacke und Lindenberg, der engere Freundeskreis im Elisabethgymnasium (wozu sich auch noch Hermes gesellte), mit großem Eifer altdeutsche Studien. Das lag in der Zeit. Auf der Universität Breslau gab v. d. Hagen die Nibelungen heraus. Ich lernte um diese Zeit auch zum ersten Male die Werke Tiecks kennen. Merkwürdigerweise war damals in Schlesien der Sinn für die deutsche Vorzeit nur noch wenig rege. Der klassische Zopf herrschte noch überall vor. Jetzt erst fing sich die Begeisterung für die großen Dichtungen und Kunstwerke des Mittelalters der Jugend zu bemächtigen an. Ich verschaffte mir aus der großen Rehdigerschen Bibliothek, die zur Elisabethkirche gehörte (der heutigen Stadtbibliothek), die Manessesche Sammlung, den Parzival und Tristan, später noch aus der Universitätsbibliothek andere altdeutsche Dichtungen und lernte die Sprache bald. Ich hatte bereits Kenntnis der politischen und Kirchengeschichte des Mittelalters genug, um die Größe der deutschen Vorzeit zu begreifen, der man beim Lesen ihrer Dichter noch näher tritt. Ich hatte mich schon vorher in manches, was die Neuzeit pries, nicht finden können. Jetzt fand ich einen Anhaltspunkt, um den Geist der Zeiten zu vergleichen und um besser zu verstehen, was einige patriotische Dichter gemeint und geahnt hatten, als sie von der großen Erhebung des Jahres 1813 eine Wiedergeburt der Nation erwarteten. Die eifrige Beschäftigung mit der altdeutschen Vorzeit führte mich nun dahin, im nächsten Frühjahr 1817 dem in Breslau neu entstandenen Turnplatz meine Aufmerksamkeit zuzuwenden. Ich hatte mich von Jugend auf körperlich geübt und war ein Turner, ohne es zu wissen. Auf dem Lande hatte ich mich gehörig getummelt, gejagt, geritten und gefochten, in den Wäldern geklettert und in der großen Scheune auf unserem Hofe systematische Springversuche gemacht. Auf der Schule in Breslau hatte ich mich außer den Fußtouren und dem Schlittschuhlaufen nicht mehr geübt. Jetzt erwachte eine unwiderstehliche Lust in mir, am Turnen teilzunehmen. Gustav Haacke, der um einen halben Kopf größer als ich schlank und herrlich gewachsen war, fühlte gleichfalls, wie wohl ihm das Turnen behagen würde. Also meldeten wir uns beim Seminardirektor Harnisch, der dem Turnplatz vorstand, ohne selbst turnen zu können. Mönnich, der damals auf dem Magdalenengymnasium war, als geborener Berliner unter Jahn geturnt hatte, und einige Studenten turnten vor. Wir wurden willkommen geheißen und zogen bald einen großen Teil unserer Mitschüler vom Elisabethan nach. Ich orientierte mich in den Übungen rasch und wurde schon in wenigen Tagen Vorturner. Ebenso Haacke. Es war ein ungemein frisches und fröhliches Leben auf dem Breslauer Turnplatz, und unsere Lust war um so unbefangener, als der Zusammenhang mit Berlin nach sehr locker war und der turnerische Sektengeist, die einseitige Jahnsche Schablone, noch nicht vorherrschte. Man dachte nur an körperliche Übungen und machte noch nicht Politik.

Die Breslauer Urburschenschaft

C. W. Junge

Soll ich von dem Geiste der Burschenschaft im allgemeinen sprechen, so war er wohl ein guter und gewiß gar keine Veranlassung, ihn als einen in das politische Gebiet sich verirrenden zu bezeichnen. Die Kollegien wurden gut besucht; in kleineren Kreisen wurde diese oder jene Spezialität der Kunst und Wissenschaft lebhaft betrieben; ein Füchslein renommierte mäßig, sonst lebte man gemütlich in den Tag hinein und trank viel Bier. Freilich, als ich auf andern Universitäten, besonders in Jena, das Burschenleben kennen lernte, kam mir das Breslauer doch etwas zurückgeblieben vor; es war hier noch ein alter Sauerteig sitzen geblieben, der noch nicht weichen wollte. Besonders die Richtung auf das große, deutsche Vaterland wollte nicht recht zum Durchbruch kommen; man krankte noch an dem alten Provinzialismus, der sich noch nicht einmal in einem einheitlichen Borussentum aufgelöst hatte. Der ziemlich anspruchsvoll hervortretende Träger des vaterländischen Deutschtumes waren die Turner, und deren gab es auch unter den Studenten eine Anzahl.

Die Turner gingen auf das Allgemeine und wollten dies sofort realisieren; sie wollten das deutsche Volk in Bausch und Bogen fertig machen, sie gerieten ins Form- und Grenzenlose, wurden mittelalterlich rotbartig und riefen da vielfach Opposition auf. Nicht nur die einzelnen Staaten wurden bedenklich, sie sahen eine Gefahr in diesem nivellierenden Geiste; auch im Volke selber regte sich der germanische Individualismus, der seine Sonderheit mit einer gewissen Pietät festhält.

In Jena hatte diese, wir wollen sie die turnerische Richtung nennen, einen bereiten Heimatsboden gefunden. Jena war damals geschäftsführende Universität, und alle Burschenschaften standen mit ihr in Verkehr; von daher kam uns ein Schreiben zu des Inhalts, man sehe nicht ein, warum nicht jeder brave Jäger, Ökonom, Soldat usw. auch deutscher Bursche sein und in die Burschenschaft aufgenommen werden könne; man schlage also vor, dies durch einen gemeinschaftlichen Beschluß zu ermöglichen. Dieser Vorschlag erregte jedoch in Breslau großes Bedenken; man fühlte sogleich heraus, daß dadurch der Charakter der Burschenschaft als Studentenverbindung völlig verwischt, diese in eine physiognomielose Allgemeinheit aufgelöst und ganz andere, selbst gefährliche Tendenzen hereingeschleppt würden. In diesem Sinne wurde denn auch von Breslau aus geantwortet, man könne sich mit den gemachten Vorschlägen nicht einverstanden erklären. Die Burschenschaft sei nur eine Verbindung von Studenten für Studenten, um das akademische Leben in geselliger, sittlicher und wissenschaftlicher Beziehung so würdig wie möglich zu machen. Weiter steckten wir unsere Ziele nicht, um uns nicht ins Grenzenlose zu verlaufen. Damit war die Sache abgetan.
Jedoch die Turner beruhigten sich nicht; sie waren sich einer edlen Idee bewußt, aber diese war bei ihnen mehr enthusiastische Begeisterung als klarer organischer Gedanke. Ideales und Reales kam vielfach in Konflikt, und in der Masse der Studenten hatte letzteres in Breslau einen ziemlich breiten Boden. Man ließ beim Biere das deutsche Vaterland hoch leben, aber dabei blieb man derber Preuße, Schlesier und am meisten Ober- und Niederschlesier; kurz, man blieb auf realem Boden, während das allgemeine Deutschtum als poetisches Phantasiegebilde ins Weite verschwamm. So nur bei zu vielen; daß nicht auch viele diese Idee als Lebensprinzip aufnahmen, es als ein heiliges Erbe aus ihrer Jugend ins ernste Mannesleben mit hinübertrugen, mag man doch auch nicht bezweifeln! Doch in jener Zeit hatte es noch keine rechte Gestalt gewonnen, und da es das Prinzip der Burschenschaft sein sollte und bei den meisten nicht zum Bewußtsein kommen wollte, so fühlten letztere sich in dieser nicht heimisch, sie genügte ihren Bedürfnissen nicht; es hatte sich in ihr ein Gegensatz gebildet, der sie notwendig sprengen mußte.
Das Wartburgfest, welches von sich so viel hat reden machen, ging an der Breslauer Universität ziemlich spurlos vorüber. Offiziell ist es von der hiesigen Burschenschaft nicht beschickt worden; ein paar Breslauer Studenten sollen ihm allerdings beigewohnt haben, doch wurde nie etwas näheres darüber bekannt; dagegen hatte die 1819 durch Sand

verübte Ermordung des russischen Etatsrates Kotzebue eine sehr weit greifende staatliche Unterdrückung aller burschenschaftlichen Bestrebungen zur Folge. Es begannen die polizeilichen Nachprüfungen, Verfolgungen, Einkerkerungen. Anfangs schien man das abseits gelegene Breslau noch schonen zu wollen, und, um vielleicht dieser wohlwollenden Absicht der Regierung entgegen zu kommen, proponierte der Senat den Studenten eine Erklärung, durch welche sie die Sandsche Tat als eine unrechte und unmoralische bezeichneten und verdammten.

Wie das Mineralogische Institut entstand

Karl von Raumer

Unterweilen ward das frühere Konviktgebäude der Jesuiten für die Zwecke der Universität hergerichtet, so daß der erste Stock für Steffens und die physikalische Sammlung, der zweite Stock aber für das Mineralienkabinett und zu meiner amtlichen Wohnung bestimmt wurde. Nachdem alle Einrichtungen fertig waren, bezogen die beiden Familien nebst den Sammlungen die Wohnung. Viel Überlegung kostete es mir anzugeben, wie die früheren, für Jesuitenzöglinge bestimmten Zimmer der neuen Bestimmung gemäß umzuschaffen seien. Nur eins zu erwähnen. Im großen Schlafsaal der Jesuitenzöglinge sollte fortan die große Mineraliensammlung aufgestellt werden. Aber in welchem Zustande war dieser Saal! Die Dielen mußten herausgerissen werden, ebenso mußte man die Wände tief abkratzen und neu bewerfen; danach ließ ich sie mit schönem ungarischen Grün anstreichen.

Ich will hier noch die Geschichte der akademischen Mineraliensammlung von 1815–19 zusammenfassen. Bis zum Jahre 1815 ist nur sehr Kümmerliches zu berichten, denn seit 1811 war ich bei meinen Vorlesungen fast einzig an den Mineralienrest gewiesen, welchen ich im oberbergamtlichen Gartensaal vorgefunden. Mein Vorschlag, die Meudersche Sammlung zu kaufen, welche in Freiberg entschieden als die beste nächst der Wernerschen galt, war unbeachtet geblieben. Meine Geduld hatte ein Ende; ich erklärte dem Vorstand der Universität, Geh. Rat Neumann, mit dem entschiedensten Ernst, ich werde in die Zeitung einrücken lassen, es möge keiner nach Breslau kommen, um Mineralogie zu studieren, da hier beim Mangel einer Mineraliensammlung dazu die Gelegenheit fehle. Neumann bat meinen Bruder und Steffens, sie möchten mich um alles von einem Schritt abhalten, welcher die Universität blamiere. Ich ließ mich willig finden unter der Bedingung, daß der von mir vorgeschlagene Ankauf aufs dringendste dem Ministerio empfohlen werde, und zwar sogleich. Nach weniger Zeit kam die Entscheidung, es solle die Meudersche Sammlung für 4000 Thl. gekauft und von mir in Freiberg übernommen werden.

Anfang April 1815 schaffte ich diese Sammlung von Freiberg nach Breslau. Mit welcher Freude ich dieselbe auspackte, aufstellte und mit ihrer Hilfe gelehrt habe, kann man sich denken. Es heißt: Kein Unglück kommt allein – es kommt aber auch kein Glück allein. Ich erfuhr, die Generalin Schönermark, welche früher der Universität ihre Mineraliensammlung für 3000 Thl. anbot, stehe im Begriff, dieselbe jetzt für 500 Thl. zu verkaufen. Auf der Stelle ging ich zum Oberpräsidenten Merckel und drang in ihn, den Ankauf für die Universität dem Ministerium zu empfehlen. Da er hierauf nicht einging, so faßte ich den kecken Entschluß, den Kauf auf eigene Hand abzuschließen: ich war überzeugt, daß ich die Ausgabe mehr als decken würde. Durch den Ankauf dieser beiden vollständigen Sammlungen erhielt ich natürlich eine Menge Dubletten. Aus diesen bildete ich 13 Sammlungen, jede durchschnittlich zu 350, eine zu 800 saubern Stücken, und verkaufte dieselben zu mäßigen Preisen an acht Gymnasien, an eine Bergschule und vier Schullehrerseminare. Ich hoffte, auf diese Weise dem Lehren der Mineralogie auf Schulen Eingang zu schaffen. Auch verkaufte ich einiges an einzelne und löste auf solche Weise 1060 Thaler, mehr als das Doppelte dessen, was die Schönermarksche Sammlung gekostet. Dazu nahm ich wieder vortreffliche Stufen derselben in das akademische Kabinett auf. Besonders kam mir das häßliche, übergroße Format der Stücke zugute; aus einem solchen Stück gewann ich durch mühsames Zerschlagen mehrere weit schönere; es machte mir aber sehr viel Arbeit. Sorgfältig bewahrte ich alle sauberen kleinen Stücke, die beim Schlagen abfielen; sie kamen in einen großen Mineralienschrank, dessen Inhalt ich durch die Inschrift „zum Verschenken" bezeichnete. Diese zwei Worte veranlaßten eine lustige Szene. Geh. Rat Neumann kam eines Tages, die Sammlung zu sehen. Er äußerte seine Zufriedenheit. Als er aber das „zum Verschenken" las, geriet er ganz außer sich. „Herr v. Raumer", sagte er, „wie dürfen Sie sich unterfangen, von dem Ihnen anvertrauten königlichen akademischen Eigentum etwas zu verschenken? Das kann ich durchaus nicht dulden." Ich erwiderte: „Am Weihnachten habe ich meinen fleißigen Zuhörern Stücke aus dem Schranke beschert." Da er nochmals ganz entschieden gegen solch Verfahren protestierte, so sagte ich: „Gut, so werde ich mit diesen Steinen verfahren, wie andere Mineralogen mit Steinen der Art verfahren." – „Wie denn", fragte er. – „Ich werfe sie alle zum Fenster hinaus." Nun erzählte ich, wie diese Steine Abfall seien von den Stücken, die ich zerschlage, um aus ihnen Mineralsammlungen zum Verkauf zu bilden. Dergleichen Abfall schütteten andere Mineralogen in der Regel weg. Wofern ich diese Stücke nicht verschenken dürfe, würde ich dasselbe tun; sie nähmen mir dann nur Platz weg. „Tun Sie, was Sie wollen", sagte Neumann, „mit Ihnen ist nichts anzufangen."

Als ich 1819 nach Halle versetzt wurde, war die Breslauer akademische Mineraliensammlung zu einem sehr bedeutenden Umfang angewachsen. Der geognostischen Stufen, welche ich bei meiner Bereisung des schlesischen Gebirges gesammelt, waren 2442. Sie schlossen sich genau an meine Karte und Beschreibung jenes Gebirges an und beglaubigten dieselben.

Ein poetischer Privatdozent – Gustav Freytag

Rudolf von Gottschall

Wenn man von Sallet absieht, so stand die schlesische Lyrik, insoweit sie nicht ein ganz provinzielles Gepräge trug, damals nicht gerade im Zustand der Blüte. Es war ein neuer Lyriker aufgetaucht; aber er hatte nicht den Beifall der Studenten gefunden, die sich über seine Gedichte lustig machten. Der Poet war seines Zeichens Privatdozent auf dem Gebiet der deutschen Sprache und Literatur; er las auch über die neueste politische Lyrik und keineswegs als nergelnder Reaktionär. In seiner Richtung und Gesinnung lag also nichts, was unseren Widerspruch herausfordern konnte. Doch dieser ziemlich hochgeschossene Dozent verkehrte vorzugsweise in kaufmännischen Kreisen; er war ein maître de plaisir bei den Festen der Börse – und dadurch wurde er bei uns Studenten mißliebig; wir wollten nicht, daß ein akademischer Lehrer bei den „Schwungs" und „Ladenschwengeln" eine Rolle spiele. Im übrigen gehörte auch der Breslauer Kaufmannstand in seiner Mehrheit der politischen Opposition an – aus ihm ging ja der spätere Märzminister Milde hervor. Unser Vorurteil konnte durch die Gedichte des jungen Germanisten nicht widerlegt werden; sie waren z. T. platte Gelegenheitsgedichte für die Feste im Zwinger und an der Börse; es fehlte ihnen die lyrische Ader, und manches Hübsche, Genrebildliche, entging unserer mangelhaften ästhetischen Einsicht. Wir waren nur für den feurigen Schwung der politischen Lyrik begeistert; ja, eine ans Bedenkliche streifende poetische Novellette forderte unseren Spott heraus. Bei uns machte diese Gedichtesammlung, die im ganzen spurlos vorüberging, Fiasko; sie führte den Titel „In Breslau", und der Dichter war kein geringerer als Gustav Freytag, dem damals niemand seinen späteren Ruhm vorausgesagt hätte. Niemand wußte, daß er damals im Kaufmannshause Molinari in der Albrechtstraße jene Studien machte, die er kaum ein Jahrzehnt später in seinem Roman „Soll und Haben" zur Erbauung für die ganze Welt verwerten sollte.

Erste Eindrücke von der Universität

Heinrich Rückert

Breslau, 14. Mai 1852

Heut ist der Tag erschienen, an welchem ich meine erste öffentliche Vorlesung eröffnet habe. Es ist die Erklärung von Walther von der Vogelweide. Wenn die heute anwesenden Zweiundzwanzig bleiben, so habe ich hier freilich auf ein ganz anderes Auditorium als in Jena zu rechnen. Wie ich mit ihrem Geist zufrieden bin, wird sich vielleicht doch schon bis Ende des Semesters herausstellen. Die hiesige Kollegenschaft klagt entsetzlich über die Unwissenschaftlichkeit der Studenten. Ich kann mir darüber kein Urteil anmaßen und finde nur einige tröstliche Hoffnung darin, daß ich auch in Jena ganz dieselben Töne gehört und angestimmt habe, während ich mich später aus meiner Praxis an eine lange Reihe ganz musterhafter Schüler erinnere. Die

Professoren der hiesigen Universität, die ich habe bis jetzt kennen lernen, haben im ganzen einen guten Eindruck auf mich gemacht. Es sind meist schlichte, freundliche Leute mit einer wohltuenden Kordialität der äußeren Form. Daß ich mich innerlich frei von den echten Jenensern Einflüssen gehalten habe, merke ich besonders daraus, daß ich an der bescheidenen Rolle, die hier die Universität spielt, gar keinen Anstoß nehme. Sie verschwindet gegen das andere Großleben der Stadt fast noch mehr als in Berlin. Doch ist zwischen ihren Gliedern mehr Verkehr als in Berlin und ein lobenswertes Zusammenhalten, wie es scheint, ohne alle Cliquenwirtschaft. Bloß die katholischen Theologen, deren geistiger Mittelpunkt wo ganz anders liegt, nehmen eine Separatstellung ein, doch wissen auch sie die äußeren Formen der Kollegialität bestens zu wahren.

Theodor Mommsen kommt nach Breslau

Aus dem „Deutschen Museum" 1855

In der juristischen Fakultät haben wir an Herrn Mommsen eine höchst schätzenswerte Kraft gewonnen. Sehr anerkennenswert ist namentlich die liebenswürdige und uneigennützige Weise, mit welcher er die jungen Rechtsbeflissenen persönlich an sich heranzuziehen und dadurch zu einer etwas ernsteren und geistvolleren Beschäftigung mit ihrer Wissenschaft anzuregen sucht. Die Art und Weise, wie das juristische Studium hier bisher von der Masse betrieben ward, war gerade so geistlos und handwerksmäßig, wie es auf der Mehrzahl der deutschen Universitäten zu sein pflegt; auch hier erbte es sich gleichsam als ein Axiom von Geschlecht zu Geschlecht fort, daß der angehende Jurist von sechs Semestern fünf seinem Vergnügen widmen dürfe, worauf dann ein sechsmonatliches Repetitorium ohne Vorkenntnisse und ohne eigentliche wissenschaftliche Bildung vollständig genügend sei, einen richtigen Juristen – oder doch wenigstens einen richtigen Auskultator – aus ihm zu machen. Diesem Schlendrian tritt Herr Mommsen mit großer Energie und, wie es scheint, nicht ohne Glück entgegen; mögen seine Erfolge von Dauer sein.

Wilhelm Dilthey beantragt für Johannes Brahms die Ehrendoktorwürde (1879)

Johannes Brahms ist heute der Träger der strengen Kunstform der Instrumentalmusik, des großen Stiles von Beethoven. In folgerechtem Aufbau, in thematischer Arbeit der erste Meister unter den Gegenwärtigen, in großartigen Perioden eine aus seinem eigenartigen Charakter entspringende Tonsprache redend, gibt er das jetzt so seltene Beispiel einer mächtigen musikalischen Natur, welche sich dem Gesetz der Instrumentalmusik unterordnet. Er hat das Urteil, das einst Schumann über das Genie und die Zukunft des Zwanzigjährigen aussprach, wahr gemacht. Diesem Komponisten gegenüber, der sich seinen Weg spröden Sinnes selber gebahnt hat und den Auszeichnungen sich fern hielt, mit denen sonst bedeutende Künstler überschüttet zu werden pflegen, möchte es für eine deutsche Universität am Platze sein, ihres schönen Vorrechtes sich zu bedienen, ihre höchste Auszeichnung auch Leistungen nicht wissenschaftlichen Charakters zu gewähren. In diesem Sinne hatte eine berühmte englische Universität (Cambridge) ihm die Doktorwürde erteilen wollen; doch fand er die Bedingungen, unter denen diese Würde dort verliehen wird, so ehrenvoll sie selbst ihm erschien, nicht in seinem Sinne. Liegt nun einer deutschen Universität weit näher, ihn und sich durch die Erteilung dieser Würde zu ehren, so finden wir unter den drei oder vier Musikzentren, welche zugleich deutsche Universitäten sind, keines, mit welchem innerhalb des Deutschen Reiches Brahms durch Neigung und gegenseitiges Verständnis so eng verknüpft wäre als Breslau. So wird der Antrag nicht unangemessen erscheinen, die Universität möge den edlen deutschen Meister durch Übertragung ihrer Doktorwürde auszeichnen und in einem engeren, für sich selbst ehrenvollen Sinne zu dem ihrigen machen.

Der neue Name der Universität (1911)

Wilhelm II.

Der Universität zu Breslau entbiete ich zu ihrer Jubelfeier meinen Königlichen Gruß und Glückwunsch. Hervorgegangen aus der Vereinigung der alten kurbrandenburgischen Viadrina mit der Kaiserlich Leopoldinischen Universität war die neue Hochschule dazu bestimmt, die Traditionen der beiden alten Bildungsstätten aufzunehmen und deren Aufgaben zu erfüllen. So wurde sie Preußens erste paritätische Universität und damit Führerin auf dem Wege zum friedlichen Nebeneinander- und Miteinanderwirken der Konfessionen zum Wohle des Vaterlandes.

In der alten Piastenstadt, wo den slavischen Völkern zuerst die Sonne des Christentums leuchtete und die Grenzpfähle deutscher Kultur sich nach Osten verschoben, in der hochragenden deutschen Schöpfung Kaiser Karls IV., die an Glanz und Bürgerstolz mit dem goldenen Prag wetteiferte, in der alten Hansestadt Breslau, in der Hauptstadt des schönen Schlesierlandes, ist nach dem Willen meines in Gott ruhenden Vorfahren, des Königs Friedrich Wilhelm III., die neue Universität ein Brennpunkt geworden regen geistigen Lebens und steigender wissenschaftlicher Kultur. Die ernste, strenge Arbeit, die hier geleistet wurde, hat ihre Frucht getragen. Nicht nur der Universität, die bald in die Reihen der ersten Hochschulen Europas eintrat, dem preußischen Vaterlande und dem ganzen Deutschen Reiche ward sie zum Segen.

Vor einem Jahre, als ich der Jubelfeier der Berliner Universität persönlich beigewohnt habe, sprach ich es aus: daß die Berliner Universität, in schwerer Zeit begründet, Pflanzstätte jenes Geistes zu werden berufen war, aus dem Preußens Wiedergeburt hervorgehen sollte. Breslaus Hohe Schule verdankt ihr Sein dem gleichen Wunsche ihres erhabenen Stifters. Daß die Universität des Königlichen Vertrauens in vollem Maße würdig war, zeigte sich bereits an jenem Tage, als der König den Aufruf „An mein Volk" erließ und die Breslauer Studenten, ihren Kommilitonen ein leuchtendes Beispiel, sich begeistert um die Fahnen ihres Königs scharten. Daß immer Breslaus Studenten von dem gleichen Geiste beseelt sein mögen, ist meine Hoffnung und mein Wunsch.

Drei Universitäten verdanken ihre Entstehung der hochherzigen Entschließung König Friedrich Wilhelms III., zwei davon, Berlin und Bonn, tragen seinen Namen. Damit das Andenken an ihren Stifter auch bei der Breslauer Universität späteren Generationen stets lebendig bleibe, will ich ihr hiermit gleichfalls seinen Namen verleihen. So soll denn mein Königlicher Dank und Glückwunsch ins zweite Jahrhundert geleiten – die Schlesische Friedrich-Wilhelms-Universität. Unter diesem Ehrennamen bleibe sie, was sie war, zur eigenen Ehre, dem Vaterlande zum Ruhme, der Menschheit zum Fortschritt.

Die Gründung des Osteuropa-Instituts

Der Gedanke, ein Osteuropa-Institut in Breslau zu gründen, wurde nach dem [Ersten] Weltkrieg aus zwei Erkenntnissen geboren. Erstens hatte man allgemein in Deutschland aus der Überprüfung von Ursachen und Nachwirkungen des Krieges die Lehre gezogen, daß eine gründlichere Kenntnis des Auslandes, insbesondere des europäischen Ostens angestrebt werden müsse. Und zweitens war man sich in Schlesien sofort darüber klar, daß zur Verwirklichung dieses Zieles, soweit es sich auf den Osten Europas richtete, kein Landesteil so geeignet sei wie gerade Schlesien und keine Stadt wie die Haupt- und Universitätsstadt Breslau. (. . .)
Die Breslauer Universität war die erste deutsche Universität, für die ein Lehrstuhl für slawische Philologie eingerichtet wurde, die erste, die eine kritische Geschichte Polens erscheinen ließ und die erste, an der – wenn auch spät – das Recht östlicher Länder zum Gegenstand des Studiums gemacht wurde. Die schlesische Industrie, die zu einem nicht geringen Teil auf den Absatz in die östlichen Volkswirtschaften angewiesen war, fand in den ungeheuren Kohlenschätzen Oberschlesiens eine Stütze für ihre Weiterentwicklung zu einer Macht, deren wirtschaftlicher Einfluß auf den gesamten Osten unbestreitbar wurde. Durch die Vereinigung der beiden von Wissenschaft und Praxis ausgehenden Kräfte konnte das vorgesteckte Ziel erreicht werden, nachdem der Versuch des Staates durch Einführung von Auslandskursen an der Universität eine vorbereitende Anregung zur Beteiligung weiterer Kreise ermöglicht hatte. Als daher der Nationalökonom Adolf Weber und der Jurist Richard Schott die Zusammenarbeit von Hochschullehrern mit Männern der wirtschaftlichen Praxis zur Schaffung eines besonderen Forschungsinstitutes in die Wege leiteten, traf dieses Bestre-

ben auf allgemeines Interesse. So entstand unter Teilnahme der Rektoren der Breslauer Hochschulen sowie führender Männer der Wirtschaft und Verwaltung Schlesiens ein Arbeitsausschuß, dessen Tätigkeit am 8. April 1918 zur Gründung eines Vereins, der unter der Bezeichnung „Osteuropa-Institut" als selbständige Forschungsanstalt sich an die Schlesische Friedrich-Wilhelms-Universität und die Technische Hochschule in Breslau anlehnte. Die Umschreibung der Ziele des Instituts erhielt damals in den Vereinssatzungen die folgende inzwischen nur wenig dem Wortlaut, nicht aber dem Sinn nach veränderte Fassung:

„Es hat den Zweck, die Grundlagen und die Entwicklungsbedingungen des geistigen und wirtschaftlichen Lebens in Osteuropa und den angrenzenden Gebieten zu erforschen und die dabei gewonnenen Ergebnisse für die Allgemeinheit, insbesondere für den akademischen Unterricht, die Verwaltung und die wirtschaftliche Praxis nutzbar zu machen."

Der Arbeitsausschuß hatte gleich zu Anfang die Notwendigkeit erkannt, daß ein selbständiges Institut dieser Art eine reichhaltige Bibliothek, die laufend zu ergänzen sei, und ein systematisch gegliedertes Archiv, das sich aus der Sammlung von Berichten, Gutachten und den Mitteilungen in Zeitschriften und Zeitungen des In- und Auslandes aufbaue, als wissenschaftliches Rüstzeug besitzen müsse. Die wissenschaftliche Forschung habe sich auf Landeskunde, Land- und Forstwirtschaft, Bergbau und Hüttenkunde, Industrie, Handel und Verkehr, Rechtskunde, Soziologie, Statistik, Religionswissenschaft, Sprachenkunde und Literatur zu erstrecken. Es war dem Ausschuß von Anfang an klar, daß ein Unternehmen mit so umfassenden Aufgaben nur zu verwirklichen war, wenn auch die Mittel aufgebracht werden konnten, die nicht nur für die Schaffung, sondern auch für die Weitergestaltung des dazu benötigten sachlichen und personellen Apparats benötigt wurden.

Die Hoffnung auf die verständnisvolle Hilfe von Provinzialverwaltung und Wirtschaft wurde nicht getäuscht. Schon die ersten Zeichnungen zum Aufbringen der Mittel für die Gründung des Instituts ergaben namhafte Beträge, die es bald ermöglichten, daß das Institut seine Tätigkeit aus den provisorischen Arbeitsräumen der Matthiaskunst und des Oberbergamtes in ein eigenes Gebäude verlegen konnte. (. . .)

Breslau - die Stadt des Handels und der Industrie

Der Breslauer Handel im Mittelalter

C. Grünhagen

Breslau gehörte bereits seit der zweiten Hälfte des 14. Jahrhunderts dem Hansabunde an, die Hanserezesse erwähnen vielfach die Teilnahme seiner Gesandten an den Beratungen, und 1407 wird den Städten Breslau und Krakau die Stellung von 10 resp. 15 Gewappneten zur Ausrüstung einer Schutzflotte gegen die Seeräuber aufgelegt.
Trotz der Unsicherheit der Straßen waren vielfache weite Reisen und überhaupt ein persönlicher Verkehr der Kaufleute in den größeren auswärtigen Plätzen notwendig. Außerdem aber hielten die größeren Breslauer Kaufmannshäuser ihre Bevollmächtigten und gleichzeitig auch Warenniederlagen in anderen Handelsplätzen, so in Venedig, Ofen, Krakau, Thorn, Nürnberg. Mit einigen dieser Städte waren die Beziehungen sogar sehr intim, hier wäre vielleicht an erster Stelle Krakau zu nennen, wo unter der fast ausschließlich deutschen Kaufmannschaft und auch unter den Zünften die Schlesier überaus stark vertreten sind; doch lockern sich hier vom Ende des 15. Jahrhunderts an diese Bande sichtlich, und im 16. Jahrhundert beginnt unter dem Drucke des erwachten slavischen Nationalgefühls ein starker Niedergang des Deutschtums in Krakau. Mit Thorn hat bereits im 14. Jahrhundert eine sehr enge Verbindung bestanden; es war hier viel Thorner Kapital angelegt, und in den Stadtbüchern beider Städte stoßen wir sehr häufig auf Namen, welche diese Verbindung bekunden.
Nach Westen zu war für Breslau Nürnberg die Hauptstation. Vielfach sind Kaufmannsfamilien von daher nach Breslau übergesiedelt, und einige derselben wie die Heugel, Distler, Pfinzing, Scheurl haben Eingang in die Breslauer Ratslinie gefunden. Zwei Männer, die für das geistige Leben Schlesiens eine hervorragende Bedeutung haben, stammen aus Nürnberg: Peter Eschenloer, der Breslauer Stadtschreiber, Schlesiens größter Historiker im Mittelalter, und Johann Heß, der erste protestantische Geistliche Breslaus.
Es hatte sich in alten Zeiten ganz von selbst so gemacht, daß alle von

Osten kommenden Warenzüge nur bis Breslau gingen, wo Verkauf der Waren und Einnahme von Rückfracht erfolgte. Auch die von Westen kommenden Kaufleute hatten wenig Neigung, über Breslau hinaus nach dem unwirtlichen Osten vorzudringen, wo das Risiko so sehr wuchs, die Wege schlechter wurden und Unkenntnis der Sprache das Fortkommen erschwerte. Dieser Zustand war bereits 1274 durch ein großes Privileg Herzog Heinrichs IV., welches der Stadt Breslau das alleinige Recht der Niederlage verlieh, gesetzlich festgestellt worden, und es liegt auf der Hand, wie ungemein groß der Gewinn von diesem Monopol für die Stadt sein mußte, wenngleich manche wichtige Artikel, die als Landesware bezeichnet werden, nämlich Wolle, Eisen, Getreide, Wein, Bier, Steine von dem Niederlagszwange ausgenommen erscheinen. Man wird in der That nicht fehlgehen, wenn man in dem Stapelrechtsmonopole die Hauptgrundlage für den trotz aller Not der Zeit immer steigenden Wohlstand der Stadt Breslau erblickt.
Aber dieser Hauptpfeiler des Breslauer Handels war im 15. Jahrhundert ins Wanken gekommen. Die beständigen Unruhen in Schlesien seit den Hussitenkriegen hatten dazu geführt, daß die Kaufleute, trotz der von den polnischen Königen den Breslauern erteilten Zusicherungen von 1417 und 1441, es vorzogen, von Westen her durch die Mark oder die Lausitz in der Richtung auf Posen zu ziehen, ferner wuchs mit dem Fortschritt der Zeit doch auch bei den Polen die eigene Unternehmungslust, man mißgönnte den Breslauern ihren großen Gewinn und mochte den Umweg über Breslau sich nicht gefallen lassen, namentlich seit das damals mächtig aufblühende Leipzig, dessen Messen von der Mitte des 15. Jahrhunderts an in Flor kamen, größere Vorteile und auch namentlich von Großpolen aus ungleich näheren Weg gewährte. Bereitwillig bot Glogau die Hand dazu, und auch nach Süden zu, in der Richtung auf Mähren, suchten polnische Warenzüge einen Weg über Brieg mit Umgehung Breslaus. Wohl riefen die Breslauer die Hilfe des Landesherrn an, und König Matthias, der ja für wirtschaftliche Interessen seiner Unterthanen keineswegs des Verständnisses entbehrte, hat noch kurz vor seinem Tode 1490 im Verständnisse mit dem Kurfürsten Johann Cicero von Brandenburg ein Privileg erlassen, welches für den gesamten polnischen Handel zwei Grenzpunkte an der Oder, Breslau und Frankfurt (neben Stettin) festsetzte, über die hinaus die polnischen Warenzüge nicht vordringen durften. Doch die Polen erkannten dies in keiner Weise an, sondern antworteten damit, daß sie, nachdem bereits um 1400 für Krakau ein derartiges Stapelrecht in Anspruch genommen worden war, nun ihrerseits Niederlagen zu Posen und Kalisch errichteten, so daß bereits 1491 die Thorner sich genötigt

sehen, die Hilfe des Hansabundes in Anspruch zu nehmen, weil man ihre nach Breslau bestimmten Waren nicht über Kalisch hinausgehen lassen will. Auch die Straße über Glogau ward nach wie vor befahren, obwohl das Privileg von 1490 bei Brieg und Glogau ein Anfahren von Waren nach diesen Städten nur für deren Jahrmärkte gelten lassen wollte, und weder die Bestätigung der Breslauer und Frankfurter Niederlagsprivilegien durch Kaiser Maximilian I. v. J. 1510, noch auch das erneute Privileg, das König Wladyslaw bei seiner Anwesenheit zu Breslau 1511 der Stadt erteilte, und das dann wiederum zugleich auch von den Brandenburger Behörden für Frankfurt proklamiert ward, verschafften dauernde Abhilfe, sondern nur endlose Streitigkeiten mit den Glogauern. Diese Händel über die Niederlage haben dann weit über die Grenze des hier behandelten Zeitraumes fortgedauert und sind noch vor Kaiser und Reich gekommen, aber das Endresultat war doch, daß die Breslauer auf eine strikte Durchführung ihres alten Monopols thatsächlich verzichteten, nicht ohne aus der bei dieser Gelegenheit geschlossenen Verbindung mit der Stadt Frankfurt Erleichterungen ihres Verkehrs nach den Odermündungen und Stettin davonzutragen.

Hier herrscht größere Geschäftigkeit als in Berlin

John Quincy Adams

Breslau ist ein beträchtlicher Handelsplatz und man bemerkt eine weit größere Geschäftigkeit und Lebhaftigkeit unter den Kaufleuten als in Berlin. Die wesentlichsten Artikel ihrer Exportationen bestehen in feinen und groben Tüchern und Leinwand, die letzte wird indeß alle aus den Gebürgsstädten gezogen. Auch verfertigt man am Orte selbst nicht den vierten Theil der Tücher die ins Ausland versendet werden. Die Lage der Stadt, an welcher der Oderstrom vorbei fließt, giebt ihr eine unmittelbare Verbindung mit Hamburg und Stettin, und macht sie folglich zum Mittelpunkte des ganzen Commerzes der Provinz. Es wird hier auch einiger Handel über Land nach dem Osten getrieben,

dieß geschieht durch russische Caravanen, und nach der Beschreibung die man uns von ihnen gemacht hat, bedauern wir, daß wir hier nicht so lange verweilen können, um ihre Ankunft abzuwarten.
Die Stadt hat keine Manufakturen von besonderer Wichtigkeit aufzuweisen. Die Zuckerraffinerie ist indeß eine große Anstalt, und da sie den größern Theil der Provinz zu versorgen hat, so belauft sich der Werth des raffinirten Zuckers jährlich auf verschiedene Millionen. Sie gehört, gleich der zu Hirschberg, einer Gesellschaft, und das Eigenthum ist in Loose getheilt, die ursprünglich zu siebenhundert Thalern ausgestellt sind, jetzt aber mehr als dreitausend Thaler gelten.
Wir haben noch zwei andre hiesige Manufakturen besucht, deren Besichtigung man uns empfohlen hatte; die eine beschäftigt sich mit der Bereitung des sogenannten türkischen Garnes, welches daher diesen Namen führt, weil es ehedem bloß in der Türkei gemacht wurde; die andre ist die Nähnadel Manufaktur. Das Garn wird aus Baumwolle gesponnen, von den russischen Caravanen aus dem Orient eingeführt, und roth gefärbt. Die Schwierigkeit seiner Verfertigung besteht im Färben, einer Operation, bei welcher die Baumwolle mancher Vorbereitung bedarf, ehe sie die Farbe annimmt, da sie nicht wie die Schafwolle ein natürliches Öl besitzt, welches die Farbetheilchen einsaugt, und die Arbeit erleichtert. Das gefärbte Garn wird mit einer Zumischung von leinenem Garne vom Weber verarbeitet. Ich erinnere mich eine solche Manufaktur in Schmiedeberg gesehen zu haben.
Die Nadelmanufaktur verdient vorzüglich deßhalb erwähnt zu werden, weil sie eine von denen ist, bei welcher die Theilung der Arbeit bis aufs Äußerste getrieben wird. Jede Nadel muß durch sieben und siebenzig Hände gehen, ehe sie zum Gebrauch taugt. Allein die hier verfertigten Nadeln sind von weit geringerer Güte als die, welche in den Niederlanden, in Münster, und zu Aachen im Jülichschen gemacht werden, und gegen die Englischen halten sie gar keinen Vergleich aus.
Die gewöhnlichsten Verzierungen der Säle und Zimmer in diesem Lande bestehen in Büsten, Portraits, und Nachbildungen antiker Basreliefs in Stuckaturarbeit, oder Pariser Gyps. Wir haben kaum ein Haus in Schlesien betreten, wo wir nicht mehr oder weniger von diesen Dingen fanden; und wir waren hier in der Werkstätte eines Mannes der sich mit Verfertigung dieser Gypsarbeiten beschäftiget. Seine Copien gerathen sehr gut, und die Arbeit ist äußerst wohlfeil.
Es giebt hier eine Stückgießerei, allein sie arbeitet bloß für Rechnung des Königes, und in den beiden letzten Jahren hat man nichts zu thun gehabt. Sie gleicht in jeder Hinsicht der, welche Sie im Haag gesehen haben.

Breslau erhält eine Messe

Konrad Wutke

„Bei Einrichtung der Breslauer Messe geht meine Intention hauptsächlich dahin, daß das polnische und ungarische Commercium mehr und mehr nach Schlesien gezogen und es zugleich dahin gebracht werde, daß Niederschlesien um so mehr Gelegenheit haben möge, seine im Lande fabrizirten Waren, insonderheit die Leinewand, gegen andere auswärtige zu debitiren oder zu versetzen, um dadurch die Leinwandfabriken in die Höhe zu bringen und selbige durch guten Debit zu vermehren." Hierbei wollte aber der König, daß die Konsumtionsaccise darunter nicht leide, noch auch die Messe zu Frankfurt a. O. dadurch ruinirt werde; vielmehr sollten beide Städte sich die Hand bieten, das polnische, russische und mit der Zeit das ungarische und siebenbürgische Commercium von Leipzig ab an sich zu ziehen, wozu der Wasserweg der Oder viel beitragen könne, während nach Leipzig alles auf der Achse geführt werden müßte. Um Brieg aber für die getäuschte Hoffnung zu entschädigen, verfügte der König: „Soviel die Stadt Brieg anlangt, da lasse Ich zwar meine zuerst gehabte Idee, eine Messe daselbst anzulegen, gleichwie aber dieser guten Stadt wieder nothwendig aufgeholfen werden muß, so ist wohl zu überlegen und darauf zu denken, wie der daselbst sonst gewesene konsiderable Vieh- und Pferdemarkt wiederum hergestellt und zu seinem ehemaligen Flor gebracht werde." Die schlesische Verwaltung solle zu diesem Zweck den jetzt blühenden Markt zu Krotoschin zu vernichten sich angelegen sein lassen, aber hierbei mit aller Vorsicht vorgehen, damit Polen nicht vor den Kopf gestoßen wird und dagegen dem Frankfurter oder Breslauer Handel schädliche Anstalten trifft.

Es galt nun die Stimmung der Breslauer Kaufmannschaft zu erforschen. Sie begrüßte, wenigstens anscheinend, den Plan aufs lebhafteste, und bei den Verhandlungen kam zur Sprache, daß solche Messen schon in der österreichischen Zeit mehr als zehnmal in Vorschlag gebracht worden seien. Es ist dies zweifellos eine gewaltige Übertreibung. Wir wissen nur von dem einen Versuch aus dem Jahre 1694. Erwägen wir aber, wieviel mittlerweile von den alten Akten verloren gegangen ist, da bei der Neuordnung des schlesischen Archives unter der kargen Regierung Friedrichs des Großen die drei mit der Sichtung und Neuordnung betrauten Beamten aus dem Verkauf der kassirbaren Akten die Bureaubedürfnisse decken mußten und trotzdem noch einen Überschuß von fast 300 Thlr. unter sich theilen konnten, so ist es erklärlich, wenn auf Grund der damals noch vorhandenen Akten Graf Münchow, der oberste Civilbeamte der schlesischen Verwaltungsbehörde, in seinem Berichte an den König äußern konnte: „Ich habe aber aus den alten Akten und sonst wahrgenommen, daß die Leipziger Kaufmannschaft und vielleicht auch selbst die Frankfurter das österreichische Ministerium durch Corruptiones beständig hievon abzuhalten gewußt hat. Es ist ganz außer Zweifel, daß künftig Moskau, ein Theil der Türken und Persianer, ganz Polen, Ungarn, Mähren und Oberschlesien ihren Handel allhier weit bequemer als zu Leipzig führen können."

Breslauer Bier

Heinrich Wendt

Als die Blütezeit der Breslauer Kretschmereien darf man wohl ungefähr den Zeitraum von 1500–1700 bezeichnen. Damals hatte das „der Breslauer Schöps" genannte Bier einen ganz hervorragenden Ruf. Wie sein Name „Schöps" entstanden ist, läßt sich nicht historisch genau nachweisen. Die gereimte Erzählung von Anton Pluntzkau, daß der Name deshalb entstanden sei, weil ein Bäuerlein einmal des Breslauer Bieres sich zu viel angetan habe, am Wege eingeschlafen und durch sein Nicken mit einem in der Nähe weidenden Schöpse in Konflikt gekommen sei, ist wohl nur eine lustige Fabel des Dichters. Glaubwürdiger klingt schon die Erklärung, das Bier habe den Namen „Schöps" erhalten, weil es so nahrhaft war, wie das damals in Breslau sehr beliebte Schöpsenfleisch. Der Breslauer Schöps wurde nicht nur in Breslau verzapft, sondern war auch ein weithin beliebtes Versandbier, denn der oben erwähnte Pluntzkau singt von ihm: „Muß sagen, daß zu dieser Frist, kein Wirtshaus an der Straßen ist, von Breslau an bis nach Leipzig, der sich auf solchen Schöps nicht schick; zu Nürnberg und auch zu Dresden, manch Achtel Schöps wird ausgestoßen." Dieses Lob wird bestätigt durch den Erfurter Doktor beider Rechte Heinrich Knaust, der in einem 1575 erschienenen Buche über den Gerstensaft aus eigener Kenntnis dem Breslauer Schöps das beste Zeugnis ausstellt. Ebenso versichert 1613 der hochgelehrte Breslauer

Stadtsyndikus Nikolaus Henel, daß „man in dieser guten Stadt einen Labetrunk braut, würdig des höchsten Lobes". Ebenso begeistert ist der Arzt Dr. Heinrich Mühlpfort von dem Breslauer Biere, über das er eine Reihe interessanter Abhandlungen geschrieben hat, deren erste die Überschrift hat: „Von des Schöpses im Bräuen Vortheil". Ein hochinteressantes Bild von dem Leben und Treiben in den Breslauer Kretschmereien entwirft ein lustiger Zecher und Dichter namens Senftleben in seinem 1731 verfaßten „Breslauer Schlendrian". Nicht weniger als 40 vierzeilige Strophen widmet er dem Breslauer Bierstoff und der Art, wie man ihn genoß. Wir erfahren daraus z. B., daß jeder Kretschmer nur dreimal in der Woche den „Kegel aufsetzte", d. h. braute, ferner, daß es außer dem Schöps noch ein besonderes Spezial-Bier, das „Bitterbier", gab, das aber nur in einer einzigen, der Innung gemeinsam gehörigen Kretschmerei, dem „Bitterbierhause" (jetzt Café Schuster), verzapft wurde.

Der Wollmarkt vom 13. bis 17. Jahrhundert

Richard Fischer

Seine Uranfänge sind in den Märkten zu suchen, die am Ende des 13. Jahrhunderts das Breslauer Wirtschaftsleben regelten, und unter denen der Johannismarkt, auf dem der Artikel Wolle eine bedeutende Rolle spielte, der weitaus wichtigste war. Doch scheint es sich in dieser frühesten Zeit nicht um eine ein- oder zweimal regelmäßig im Jahre stattfindende Wollkonzentration zu handeln, sondern vielmehr um einen ständigen Verkauf, auch auf den Wochenmärkten, der dann zu bestimmten Zeiten, besonders Pfingsten und Michaelis, nach Beendigung der Schafschur bedeutender als sonst war. Dafür spricht der Umstand, daß im Anfang des 14. Jahrhunderts ein Teil des Ringes die „Wolleschaar" hieß, eine Bezeichnung, welche sich später auf den ganzen Markt übertrug, wahrscheinlich weil hier während einer längeren Zeit im Jahre Stände und Buden für den Wollverkauf aufgebaut waren. Genaueren Aufschluß über die Örtlichkeit, wo sich der Wollverkehr hauptsächlich abspielte, gibt uns eine aus dem Jahre 1425 überlieferte Stelle: „. . . als man vom Wollemarkt under den Reichen

Cromen geht", damit ist der Platz gemeint, auf dem auch der Garnmarkt stattfand, nämlich am Leinwandhause, d. h. gegenüber der Ringseite, die heute den Namen Siebenkurfürstenseite trägt. Gleichzeitig läßt der hier gebrauchte Ausdruck „Wollemarkt" darauf schließen, daß der Wollhandel schon festere Formen gewonnen und sich konzentriert hatte, sodaß man annehmen kann, daß im 15. Jahrhundert die ersten Anfänge des Spezialmarktes zu suchen sind.

Denn zu Beginn des 16. Jahrhunderts spricht der Rat in seinen Erlassen von einem „Mittwoch in der Wolleschaar", also von einem bestimmten Zeitpunkte, während dessen ein konzentrierter Wollverkauf stattfand. Die ersten zahlenmäßig festgelegten Daten gibt uns der Breslauer Chronist Nikolaus Pol († 1632), nämlich einmal bei der Beschreibung eines Unfalles im Jahre 1540, „am 13. Mai, am Donnerstag vor Pfingsten gleich in der Wolleschaar", und ein andermal bei dem Bericht von einem Morde im Jahre 1561 „am 22. Mai, dem Donnerstag vor Pfingsten gleich in der Wolleschaar", wobei zu bemerken ist, daß diese datenmäßige Festlegung von Ereignissen mit Hilfe der Wolleschar als ein Zeichen dafür gelten kann, welch bedeutende Rolle sie im Breslauer Leben spielte. Auch mit den in den Ratserlassen genannten Mittwochen dürften wohl die vor Pfingsten und Michaelis gemeint sein; denn abgesehen davon, daß gerade zu den Kirchenfesten alles in der Stadt zusammenströmte, war um diese Zeit auch die Schur beendet. Mit dem wechselnden Zeitpunkte dieser Festtage änderte sich auch der Beginn des Wollmarktes, wie die beiden Daten zeigen, mitunter ganz erheblich. Von Donnerstag bzw. Mittwoch dauerte er bis Sonnabend, „wann das Glöcklein geläutet wird", hatte also eine Dauer von 4 bis 5 Tagen. Vom Ende des 16. Jahrhunderts ab sind wir dann besser über die Termine orientiert durch die Schreibkalender, die in Schlesien von Peter Slowak und Valentin Hanke herausgegeben wurden, und in welchen wir sie neben denen der anderen Märkte gedruckt finden. Hier sind mitunter 3 Wollescharen im Jahre unterschieden, so z. B. 1640 am 24. Mai die kleine, am 31. Mai die große und am 27. September die Wolleschar. Diese Dreiteilung läßt sich damit erklären, daß die erste gewissermaßen als ein Auftakt für die große anzusehen ist, sowie ja auch später sogenannte Vortage dem eigentlichen Markte vorausgingen. Pfingsten und Michaelis blieben auch für die Zukunft bestimmend für den Anfangstermin.

Die Türkische Garnfabrik

Joahnn Friedrich Zöllner

Am interessantesten war mir die Türkische Garnfabrik. Diese Waare, die man sonst allein aus der Levante zu erhalten wußte, und auf deren Bereitung man so viel Geld mit fruchtlosen Versuchen verschwendet hat, wird hier in einem hohen Grade der Vollkommenheit geliefert. Sie erinnern sich wahrscheinlich, daß wir vor drei oder vier Jahren die Anlagen einer ähnlichen Fabrike bei Herrn Sieburg in Berlin besahn; und ich habe noch nicht Gelegenheit gehabt, Ihnen zu sagen, daß Herr Sieburg außerordentliche Fortschritte in seinen Entdeckungen gemacht hat. Sein Türkisches Garn wird jetzt so sehr gesucht, daß er nicht alle Bestellungen annehmen kann; und er arbeitet seit geraumer Zeit an der Erweiterung seiner Fabrik, wie er auch in Willmersdorf selbst Grapp zu bauen anfängt, und eine Grappmühle angelegt hat. Der hiesige Unternehmer ist ein Herr Förster, aus Breslau, einer der einsichtsvollsten und artigsten Männer seines Standes, die ich je kennen gelernt habe. Er ist ein gelernter Kaufmann, der die Fabrik von seinem Vater annahm, und sie nicht durch einen glücklichen Zufall, sondern durch unabläßiges Nachdenken, Beobachten und Studiren verbesserte. Die Unterhaltung mit ihm hat mir eben so viel Vergnügen als der Anblick seiner Waaren und seiner Anlagen verschaft. Was er über seine Kunst sagte, zeigte so viele chemische Kenntniß der zu färbenden Materialien und der Farbenstoffe, und so viele Einsicht in die Naturlehre, daß ich nicht müde ward ihm zuzuhören und ihm Einwürfe zu machen, um sie leicht und gründlich beantwortet zu sehen. Besonders freute es mich, daß er gewußt hatte, Macquer's Theorie über die Natur der animalischen und vegetabilischen Stoffe in Rücksicht auf ihre Fähigkeit, die Farben anzunehmen, vielfach zu benutzen.

Er hat nur im Kleinen einen Anfang gemacht, und ohne Unterstützung sich immer weiter ausgebreitet. Sein Vater war von mehreren Leuten, die ihm Geheimnisse hatten entdecken wollen, hintergangen worden. Er arbeitete im Stillen fort, überwand, mit unerschütterlicher Beharrlichkeit, eine Schwierigkeit nach der andern, überstand mancherlei Unglücksfälle, unter andern auch eine Feuersbrunst, und hat es doch nach und nach dahin gebracht, daß er jetzt jährlich an 50 000 Rthlr. für rohe Materialien, für Zuthat und Arbeitslohn bezahlen kann.

Das Garn läßt er in verschiedenen Gegenden spinnen; einen guten

Theil liefert das Arbeitshaus zu Kreuzburg. Die erste Bearbeitung erhält es durch einen Sud aus Alikantischer Sode; dann wird es durch mehrere Vorbereitungen, in denen der hauptsächlichste Theil seines Geheimnisses besteht, zur Annahme der Farbe fähiger gemacht; und endlich färbt er es mit Grapp, (den er theils aus dem Elsaß zieht, theils aus der hiesigen Rummelschen Grappfabrik nimmt,) oder mit der gewöhnlichen Schlesischen Färberröthe. Das Roth ist so lebhaft und so gesättigt, daß ich weder im Ansehn, noch, bey einigen Proben, in der Ächtheit einen wirklichen Unterschied zwischen dem hiesigen und dem Ostindischen habe entdecken können. Jetzt wünscht Herr Förster die Steinkohlenfeurung einführen zu können; aber noch scheut er die großen Auslagen, die freilich mit der Zeit ihre reichlichen Zinsen tragen würden, die ihm aber desto lästiger werden möchten, da sein ganzer Verkehr nicht ohne ein ansehnliches Kapital betrieben werden kann; denn von dem Ankauf der Wolle, die er über Triest und Wien zieht, bis zum Verkauf des fertigen Garns, muß er im Durchschnitt zwölf Monate rechnen; und überdies stecken ansehnliche Summen in den Gebäuden.

Die Cramerschen Öfen

Johann Adam Valentin Weigel

Cramer, (Carl Gottlieb) Töpfermeister und Ältester. Schummel in seinem Almanach sagt von ihm: (ich muß das Ganze abschreiben) „Wären alle Breslauische Künstler dem Publicum bereits so bekannt, wie dieser, so würde für den Almanach wenig zu thun übrig bleiben. Zimmermann, Zöllner und Weiß haben seiner bereits rühmlich und ausführlich genug gedacht. Es bleibt demnach nichts hinzuzusetzen, als daß das Modenjournal vom Jahre 1789 einen Cramerischen Ofen aufgenommen hat; dann aber, welches ungleich wichtiger ist, daß Cramer seit 98 einen jungen Mann zum Schwiegersohne angenommen hat, der die Stütze seines herannahenden Alters und der Fortsetzer seiner kunstreichen Töpferei zu werden verspricht. Er heißt Carl Reibestein und ist aus Schleiz gebürtig. Bei seinem Vater lernte er das

Töpferhandwerk, bei einem Bildhauer sog er den Sinn für das Schöne ein; diesen bildete er auf seiner Wanderschaft in Dresden, Wien etc. noch weiter aus, und seine gegenwärtigen Arbeiten in Cramers Werkstatt steigen an Vollkommenheit noch immer höher." Die Cramerischen Öfen werden bis nach Holland und Rußland versendet.

Aus der Geschichte der Goldschmiede-Innung

Christian Gündel

Verglichen mit der Einwohnerzahl hat Breslau in früheren Jahrhunderten eine außerordentlich hohe Zahl von Goldschmieden in seinen Mauern beherbergt. Um 1380 zählt Breslau ungefähr 10 000 Einwohner. Erwähnt sind damals 29 Meister. Rechnet man dazu, daß im Durchschnitt jeder Meister mit zwei Gesellen und einem Lehrjungen arbeitete, so ergibt sich daraus, daß um diese Zeit rund 120 Personen im Goldschmiedehandwerk beschäftigt waren, d. h. 1,2 vom Hundert der Gesamtbevölkerung. Berücksichtigt man ferner den Familienstand der Meister und Gesellen, so ist damit zu rechnen, daß rund vier- bis fünfhundert Personen vom Goldschmiedehandwerk lebten. Dieses Zahlenverhältnis hat sich je nach Reichtum oder Armut der Zeiten etwas verschoben, dürfte im Durchschnitt bis zum Beginn des neunzehnten Jahrhunderts ungefähr stimmen. Außer den Erwähnungen der Zunftstatuten und Kaufverträge erfahren wir aus den Büchern und Urkunden der Stadt wenig über Goldschmiede, ein Zeichen dafür, daß sie wohl nie im Gegensatz zum Rat gestanden haben wie andere Handwerker. An den großen Handwerkeraufständen des vierzehnten und fünfzehnten Jahrhunderts haben sie sich nicht beteiligt. Überhaupt scheint ihr Ehrgeiz nie sehr nach den Ratsherrnstühlen und den Schöffenbänken gestanden zu haben, denn von den vielen Kompetenzstreitigkeiten, die uns heute lächerlich erscheinen, damals aber höchst wichtig genommen wurden, haben sie sich im allgemeinen ferngehalten. Die Geschichte der Goldschmiedekunst ist durchaus die

einer friedlichen, ratstreuen Innung. Der Wohlstand und die die Meister mehr als die übrigen Gewerke verbindende künstlerische Tätigkeit mögen das bewirkt haben.
Nach mehreren Umarbeitungen der Goldschmiedestatuten werden 1451 die Bestimmungen über die Meisterstücke genau festgelegt. Jeder Stückmeister, wie der zur Meisterprüfung zugelassene Geselle genannt wurde, mußte innerhalb von vier Monaten einen Kelch, einen Siegelstempel mit eingeschnittenem Wappen und einen Ring mit Steinen herstellen. Drei Jahre mußte er nach seiner Wanderschaft als Geselle bei einem oder höchstens zwei Meistern gearbeitet haben, ehe er sich als Stückmeister melden durfte. Von der Mitte des sechzehnten Jahrhunderts an war der Bedarf an kirchlichen Kelchen nicht mehr so groß, und an Stelle des Kelches konnte ein für weltliche Zwecke geeignetes Trinkgerät angefertigt werden. Den Witwen war die Weiterführung der Werkstatt erlaubt, jedoch hat sich wohl aus der Praxis ergeben, daß gerade in einem Betrieb, der so wertvolles Rohmaterial verarbeitete wie Silber und Gold, der Meister unentbehrlich war, die Witwe fast immer bald wieder einen Goldschmied heiratete. Die Zahl der erlaubten Gesellen und Lehrjungen ist in den einzelnen Jahrzehnten verschieden gewesen, wird sich auch immer nach dem Menschenangebot gerichtet haben.
Nach dem Generalhandwerkspatent und den Generalzunftartikeln Kaiser Karls VI. wurden alle Innungen in Schlesien neu geordnet. Auch die Artikel der Goldschmiede werden gründlich umgearbeitet. Es werden von nun an strenge Unterschiede zwischen den Gold-, Galanteriewaren- und Silberarbeitern gemacht. Während die „Goldarbeiter“ Ringe und Uhrketten, später eine Halskette zu arbeiten hatten, mußten die „Galanteriewarenarbeiter“ eine Dose mit Etui herstellen. Die Anfertigung der üblichen Silbergeräte, eines Gießbechers mit Kanne, seit dem Ende des achtzehnten Jahrhunderts Kaffee- und Milchkanne, Terrine, Schalen, Leuchter und Zuckerdosen bleiben als Meisterstück dem Mittel der Gold- und Silberarbeiter vorbehalten. Der Meisterkommission mußte erst für alle Arbeiten der eigene Entwurf vorgelegt werden. Die Gravierung von Petschaften fällt im achtzehnten Jahrhundert weg, da diese Arbeit nunmehr von den Stempelschneidern und Medailleuren übernommen wird.
Künstlerisch dürfte die Breslauer Zunft die führende in der Provinz gewesen sein, wenn auch manche Meister in Ohlau und Neiße ausgezeichnete Arbeiten gefertigt haben. Die Gewerbefreiheit bringt kurz vor den Befreiungskriegen den Keim zur Zerstörung handwerklicher Traditionen auch in die Goldschmiedezunft hinein. Neben den zunft-

mäßig gebundenen Meistern finden wir unzünftige. Erst das Handwerksgesetz von 1935 hat auch auf diesem Gebiet wieder Ordnung geschaffen. Jetzt sind in Breslau über achtzig Meister mit 122 Gesellen tätig. Unter ihnen finden wir eine ganze Reihe kraftvoller Persönlichkeiten, die ihrem Werk durchaus Form und Inhalt zu geben verstehen.

In der Nähnadelfabrik

Johann Friedrich Zöllner

Die Nähnadelfabrik, die der Fabrikenkommissarius Herr Hartmann durch einen Werkmeister aus Schwabach betreiben läßt, bis ins kleinste Detail kennen zu lernen, war mir um so angenehmer, da ich dergleichen bloß in Potsdam sehr obenhin gesehen habe. Ich will Sie nicht damit unterhalten, daß jede Nadel muß fünf und siebenzigmal in die Hände genommen werden, ehe die Nätherin sie als ein bequemes Werkzeug zur Verfertigung unserer unentbehrlichen Bedürfnisse gebrauchen kann; und daß dennoch durch die große Vereinfachung jeder einzelnen Bearbeitung und durch Vorrichtungen, vermittelst deren eine große Menge zugleich bearbeitet wird, für einen außerordentlich geringen Preis gesorgt ist. Vermuthlich haben Sie diese Fabrikation in der größesten Vollkommenheit zu Achen gesehen. Wo nicht, so können Sie eine genugthuendere Beschreibung davon in der Encyclopédie, als in Jacobson's technologischem Wörterbuche finden. Unter den hiesigen Nadeln fand ich einige Sorten von einer vorzüglichen Güte: sehr glatt, gut gespitzt, weder zu spröde noch zu biegsam, und vorsichtig gebohrt. Von andern Sorten, sagten mir die Damen, deren Urtheile ich natürlich das meinige unterwerfen muß, daß die Spitzen nicht fein genug wären. Die Fabrik beschäftigt jetzt 77 Personen, und verwandelt jährlich 50 Centner Iserloher Drath in 7 und eine halbe Million verschiedener Nadeln. Die Poliermühle, welche der Schwabacher Schürmühle (Scheuermühle) nennt, und die Schleifsteine, auf welchen man die Spitzen schleift, werden vom Wasser getrieben. Den größten Absatz macht die Fabrik ins Ausland. Ehedem, da Lodomirien und Galizien noch zur Republik Polen gehörten, und die hiesigen Nadeln dorthin gebracht werden konnten, verarbeitete diese

Fabrik jährlich 120 Centner Drath. Allein seitdem jenes Königreich dem Östreichischen Zepter unterworfen ist, dürfen dort keine Nähnadeln, als aus Mährisch-Neustadt eingeführt werden.

Eichborn – das älteste Bankhaus Breslaus

Aus der Festschrift zur 225-Jahrfeier

Am 19. November 1728 etablierte sich Johann Ludwig Eichborn mit einem Speditions-, Kommissions- und Wechselgeschäft in Breslau. Acht Jahre später trat sein jüngerer Bruder Matheus bei ihm ein. Am 12. September 1737 erwarben sie das stolz gegiebelte „zwischen Daniel von Riemberg und Christian-Gottfried von Krause" gelegene Familienhaus der Freiherren von Mudrach auf Rathen am Großen Ring. Sie nahmen damit bereits neun Jahre nach der Gründung ihrer Handlung nach außen sichtbar ihren Platz unter den eingesessenen Patriziergeschlechtern ihrer neuen Heimat ein, mit deren wirtschaftlicher Entwicklung und politischem Schicksal ihre Nachfahren durch sechs Generationen bis zur bitteren Zäsur des Jahres 1945 teilnehmend und mitwirkend verbunden bleiben sollten.
Die Brüder kamen in Breslau eben zurecht, um wenigstens ein Jahrzehnt lang noch Zeugen der großartigen Handelstätigkeit zu sein, die dieser einstige Welthandelsplatz kurz vor der Eroberung Schlesiens durch Friedrich den Großen zum letzten Male entfaltet hat.
Auf dem Großen Ringe, dem fünfundzwanzig preußische Morgen messenden Rathausplatz, an dem ihr Wohn- und Geschäftshaus lag, trafen sich die russischen, polnischen, griechischen, bulgarischen und serbischen, lombardischen und venezianischen, hamburgischen und brabantischen Händler wie zu einem ständigen Jahrmarkt und boten ihre Waren feil: Wachs und Juchten, Spezereien, feine und grobe bunte Tuche, Nürnberger Kramwaren, Kupferplatten aus der Steiermark, Weine aus Ungarn, rote türkische Garne, Saffian und Seifen, – und von hier zogen die Planwagen aus nach allen Himmelsrichtungen, vor allem jedoch nach Hamburg und Amsterdam zur Verschiffung in die nordischen und überseeischen Länder, hochbeladen mit den weltberühmten Fabrikaten der schlesischen Spinner und Weber. Auch „Jo-

hann Ludwig und Matheus Eichborn" widmeten sich in ihrer Warenabteilung vornehmlich dem weltweiten Handel mit Garnen und Leinen und in ihrer sich aus den Kommissionsgeschäften frühzeitig ergebenden Bankabteilung der Finanzierung des Exportes dieser Güter.
Die rasche Ausdehnung der Geschäfte führte bereits 1738 und 1746 zur Hinzuziehung zweier Schwestersöhne Johann Ludwigs aus Landau, Georg Ludwig Rummel und Johann Daniel Daumüller, die zunächst als Mitarbeiter und nach dem Austritt Johann Ludwigs 1766 als Teilhaber eintraten.
Die Erfolge ihrer vielseitigen Tätigkeit spiegelt die Entwicklung des Kapitalkontos. Das Gründungskapital der Firma ist nicht bekannt, da ihre eigenen Akten 1807 bei der Beschießung Breslaus durch die Franzosen fast restlos vernichtet worden sind; jedenfalls müssen beide Brüder je 5000 Taler eigenen Vermögens nachgewiesen haben, um an der Breslauer Börse in der Klasse der Großkaufleute (mercatores), die von den Krämern (institores) und den Trödlern (venditores) streng geschieden waren, rezipiert zu werden. Bereits 1742 jedoch, erst vierzehn Jahre nach seiner Niederlassung, figurierte Johann Ludwig in einer für den neuen Landesherrn, den jungen Preußenkönig, aufgestellten „Designation derjenigen Kaufleute der Stadt Breslau, auf welche einige Attention zu nehmen seyn möchte", mit dem Zusatz: „handelt mit Leinen etc., ziemlich reich und gescheuter Mann, wohnt auf dem Ringe." Im Jahre 1756 war das Vermögen der Firma nach einer amtlichen Schätzung auf 100 000 Taler gestiegen, 1766, beim Ausscheiden Johann Ludwigs, hatte es sich nahezu verdoppelt.
Mit diesen Ziffern stand die Handlung der Gebrüder Eichborn bereits drei Jahrzehnte nach ihrer Etablierung an der Spitze der ältesten und angesehensten Handelshäuser der Stadt. Ihre Kapitalkraft und das Vertrauen, das ihre Inhaber sich erworben hatten, dokumentierte 1765 ihre Ernennung zum Königlichen Hofbankier durch Friedrich den Großen. Diese Bezeichnung war keine bedeutungslose Titulatur. Der König bediente sich „seiner Banquiers" bei der Abwicklung beachtlicher Geschäfte für eigene Rechnung, teils im Zusammenhang mit dem im gleichen Jahre errichteten „Königlichen Giro- und Lehnbanco zu Breslau und Berlin". Es hat zu Friedrichs Zeiten nur noch zwei weitere Hofbankiers in Preußen gegeben, die beide zu des Königs arger Enttäuschung bereits wenige Jahre nach ihrer Nominierung fallierten.
Als Johann Ludwig Eichborn am 1. November 1766 aus seiner Firma ausschied und sie dem einzigen Sohn seines bereits 1754 verstorbenen Bruders Matheus, Johann Friedrich Eichborn, sowie seinen Neffen

Rummel und Daumüller übergab, welche sie unter der Firma Eichborn & Co fortführten, war seine Gründung nicht nur zum reichsten und angesehensten Handelshaus, sondern durch die frühzeitige Aufnahme des Bankgeschäftes auch zu dem ältesten Bankhaus Breslaus geworden. Heute bestehen nur noch fünf selbständige private Bankgeschäfte in der ganzen Welt, die älter als die Firma sind.

Der Breslauer Großhandel

Paul Driske

Als im vorigen Jahrhundert die Breslauer Industrie einen gewaltigen Aufschwung nahm und an Zahl der Arbeitnehmer sogar den Handel übertraf, erhielt auch der Großhandel dadurch wieder neue Tätigkeitsgebiete, daß er den Industrieerzeugnissen Zugang zum Weltmarkt verschaffte. Breslau hatte sich vor Ausbruch des Weltkrieges wieder eine angesehene Stellung im internationalen Handelsverkehr errungen. Seit dem Jahre 1925 haben unter dem Einfluß der Wirtschaftskrise Industrie und Handwerk ihren Anteil an der Gesamtwirtschaft vermindert; der Handel hat sich dagegen anteilsmäßig vermehrt. Der Anteil des Groß- und Einzelhandels sowie des Geldverkehrs am gesamten Beschäftigtenbestand stieg von 23 % im Jahre 1907, über 34 % im Jahre 1925, bis auf 40 % im Jahre 1933 an. Diese Tatsache, die durch die günstige Gestaltung des Güter- und Personenverkehrs seit Anfang 1933 unterstrichen wird, deutet auf die Richtung der kräftigen Wirtschaftsentwicklung Breslaus im deutschen und europäischen Südostraum hin. Die reiche wirtschaftliche Ausstattung des schlesischen Raumes und die wirtschaftsgeographische Lage in Mitteleuropa weisen dem Breslauer Handel auch ferner seine bestimmten Aufgaben zu.

Der Absatz einheimischer Industrieerzeugnisse hat im Breslauer Großhandel von jeher eine hochbedeutende Stellung eingenommen. Es sei nur an den umfangreichen Handel mit einheimischen Tuchwaren und mit Erzeugnissen der schlesischen Leinenindustrie erinnert. Ersatz für die Einschränkung dieser Erwerbsquellen im vorigen Jahrhundert fand die Breslauer Kaufmannschaft in der Entfaltung des

Handels mit Textilien, ganz besonders mit Fabrikaten der Breslauer Konfektionsindustrie. Der Großhandel mit diesen Waren steht auch heute noch an erster Stelle.
Ein weiteres Arbeitsfeld für den Großhandel boten die Fabrikate anderer Breslauer Industrien, wie Fahrzeuge, Maschinen, Fertigfabrikate in Eisen und Stahl, elektrische Waren usw. und die Produktion des ober- und niederschlesischen Industriereviers. Breslau förderte nicht nur finanziell die schlesische Montan- und Hüttenindustrie, sondern führte sie auch auf dem Weltmarkt ein (Zink) und versorgte sie mit den erforderlichen Rohmaterialien, soweit sie vom Auslande importiert wurden. Breslau vermittelte den Absatz ihrer Erzeugnisse, vornehmlich Kohle, Eisen, Zink und Zement. Durch die kapitalistische Entwicklung der Industrie, durch Zusammenfassung der einzelnen Betriebe und die Verlegung ihres Schwerpunktes und ihrer Interessen nach der Reichshauptstadt, konnte sich Breslau nur zum Teil die Stellung eines Hauptmarktes bewahren und mußte sich in der Hauptsache mit dem Provinzhandel begnügen.
Bedeutend ist auch der Großhandel mit land- und forstwirtschaftlichen Erzeugnissen. Der Getreidehandel hat seine für den gesamten Kontinent maßgebende Vermittlerrolle verloren und muß sich hauptsächlich auf den Konsum der Provinz beschränken. Er suchte sich aber neue Tätigkeitsgebiete zu erschließen und leistete der schlesischen Produktion beim Absatz von Hafer und Gerste nach entfernten Gegenden wertvolle Dienste, betätigte sich vor allem in der Vermittlung des internationalen Verkehrs mit Sämereien und Hülsenfrüchten mit Erfolg. Ein umfangreiches Arbeitsfeld fand er ferner im Verkehr mit Futtermitteln, vornehmlich Kleie und Ölkuchen. Dieser letztere Handelszweig fand hier einen seiner Hauptsitze in Deutschland. Trotz aller Schwierigkeiten hat auch der Getreide- und Futtermittelhandel seine alten Beziehungen wieder aufgenommen. Aus den Balkanstaaten werden vorwiegend Futtermittel, aber auch Lebensmittel bezogen. Erinnert sei nur an den Pflaumenimport, der durch die Vermittlung des Breslauer Großhandels geht. An Stelle des weltberühmten Wollhandels nahm der Verkehr mit Flachs einen größeren Umfang an. Begünstigt durch die Lage Breslaus in der Mitte zwischen den russischen Produktionsgebieten und den Hauptkonsumgegenden Deutschlands und ganz Mitteleuropas, zog der Großhandel die russische Ware an sich und schob seine Absatzgebiete weit über die Grenzen Deutschlands bis in den Westen Europas und nach Übersee hinaus. Der unterbrochene Flachshandel mit dem Osten beginnt sich in der Gegenwart wieder mit Polen und Galizien zu heben.

Der Waldreichtum der Provinz und der starke Holzbedarf seiner Industrien haben in Breslau einen bedeutenden Holzhandel entwickelt, der kaum von einem anderen deutschen Platze übertroffen werden kann. Wenn auch der russische Markt dem Holzhandel so gut wie verschlossen ist, so werden doch im Transitverkehr mit Polen und der Tschechoslowakei erhebliche Geschäfte getätigt.

Quellenverzeichnis

John Quincy Adams (1767–1848): *Eine große Anzahl von Kirchen / Hier herrscht größere Geschäftigkeit als in Berlin / Die Ressource*
Aus „Briefe über Schlesien", Breslau 1805
Willibald Alexis (Georg Wilhelm Heinrich Häring, 1798–1871): *Entführung*
Aus „Gesammelte Werke", Berlin 1874
Hermann Allmers (1821–1902): *Allerseelentag*
Aus „Die Gartenlaube. Illustriertes Familienblatt", Leipzig 1853ff.
Angelus Silesius (Johann Scheffler, 1624–1677): *Aus dem „Cherubinischen Wandersmann"*
Aus „Cherubinischer Wandersmann", Halle 1895
Valeska Gräfin Bethusy-Huc (1849–1926): *Felix und Therese Dahn*
Aus „Erinnerungen", 1914
Günter Bialas (geb. 1907): *Das Kunstschaffen im Breslau der zwanziger Jahre*
Aus „Rund um den Fechterbrunnen" in „Meine schlesischen Jahre. Erinnerungen aus sechs Jahrzehnten", hg. v. Herbert Hupka, Verlag Gräfe und Unzer, München 1965, mit freundlicher Genehmigung des Autors
Albert Bitter: *Anekdoten von der Graupe*
Aus „Hausbuch des schlesischen Humors", hg. v. Alfons Hayduk, Verlag Gräfe und Unzer, München 1965
Dietrich Bonhoeffer (1906–1945): *Glück und Unglück*
Aus „Widerstand und Ergebung. Briefe und Aufzeichnungen aus der Haft", hg. v. Eberhard Bethge, Verlag Chr. Kaiser, München 1970, mit freundlicher Genehmigung des Verlages
Max Born (1882–1970): *Auf dem König-Wilhelms-Gymnasium*
Aus „Mein Leben. Die Erinnerungen des Nobelpreisträgers", (c) by Nymphenburger Verlagshandlung GmbH München in der F. A. Herbig Verlagsbuchhandlung GmbH München, mit freundlicher Genehmigung des Verlages
Robert Bruckner: *Breslau im Mittelalter / Die erste Gasbeleuchtung / Die Schweden in der Stadt / Sitten und Unsitten im späten Mittelalter*
Aus „Geschichte der Stadt Breslau von ihrer Gründung bis auf die neueste Zeit", zusammen mit J. Stein, Breslau 1851
Conrad Buchwald: *Das Kunstleben Breslaus*
Aus „Breslau", hg. v. Verkehrsamt der Stadt Breslau, 2. Auflage, Deutscher Architektur- und Industrie-Verlag, Berlin-Halensee 1924
Samuel von Butschky (1612–1678): *Etliche von Lieb angegosene Schreiben*
Aus „Fünf-Hundert, Sinnen- Geist- und Lehr-Reiche Reden, und Gemüthsuebungen ...", Breslau 1666
Felix Dahn (1834–1912): *Sänger-Beruf*
Aus „Gedichte", Zweite Sammlung, Stuttgart 1873
Wilhelm Dilthey (1834–1911): *Friedrich Daniel Ernst Schleiermacher*
Aus „Leben Schleiermachers", Berlin 1870
Paul Driske: *Der Breslauer Großhandel*
Aus „Der Wirtschaftsorganismus Groß-Breslau. Ein Beitrag zur Wirtschaftsgeographie einer Großstadt", Volk und Reich Verlag, Berlin 1936
Joseph v. Eichendorff (1788–1857): *Die Leopoldinafeier thundertjähriges Jubiläum*
Aus „Sämtliche Werke", Historisch-kritische Ausgabe, hg. v. W. Kosch, A. Sauer, fortgef. v. H. Kunisch, Regensburg 1921ff.

Peter Eschenloer (um 1420–1481): *Wie König Matthias gen Breßlau zoge …*
Aus „Wie König Matthias gen Breßlau zoge und Huldigung ufname", hg. v. J. E. Kunsich, Breslau 1827/28

Richard Fischer: *Der Wollmarkt vom 13. bis 17. Jahrhundert*
Aus „Geschichte des Breslauer Wollmarktes von seinen Anfängen bis zur Gegenwart", (Beiträge zur Geschichte der Stadt Breslau, Heft 4) hg. v. Städt. Kulturamt, Breslau 1938

Gustav Freytag (1816–1895): *Die Breslauer helfen den Spinnern und Webern*
Aus „Erinnerungen aus meinem Leben", Leipzig 1887

Christian Garve (1742–1798): *Die öffentliche Meinung*
Aus „Populärphilosophische Schriften", Nachdruck Stuttgart 1974

Hermann Goedsche (1815–1878): *Ein Breslauer versieht Henkersdienst*
Aus „Schlesischer Sagen-, Historien- und Legendenschatz", Meißen 1839

Rudolf von Gottschall (1823–1909): *Ein poetischer Privatdozent – Gustav Freytag*
Aus „Aus meiner Jugend", Breslau 1898

Traud Gravenhorst (1892–1968): *Breslau heißt nun Wroclaw*
Aus „Schlesien. Erlebnisse eines Landes", (c) 1952 Bergstadtverlag Wilhelm Gottlieb Korn GmbH, München, mit freundlicher Genehmigung des Verlages

Colmar Grünhagen (1828–1911): *Der Breslauer Handel im Mittelalter*
Aus „Geschichte Schlesiens", Gotha 1884

Christian Gündel: *Aus der Geschichte der Goldschmiede-Innung*
Aus „Die Goldschmiedekunst in Breslau", Steininger-Verlage, Berlin 1942

Professor Dr. Habel: *Die packendste Schöpfung des Jesuitenstils*
Aus „Breslau", hg. vom Verkehrsamt der Stadt Breslau, 2. Auflage, Deutscher Architektur- und Industrie-Verlag, Berlin-Halensee 1924

Hugo Hartung (1902–1972): *Brennende Türme*
Aus „Der Himmel war unten", (c) 1951 Bergstadtverlag Wilhelm Gottlieb Korn GmbH, München, mit freundlicher Genehmigung des Verlages

Max Herrmann-Neiße (1886–1941): *Breslauer Winternacht*
Aus „Lied der Einsamkeit. Gedichte von 1914–1941", ausgew. u. hg. v. Friedrich Grieger, (c) by Albert Langen Georg Müller Verlag GmbH München in der F. A. Herbig Verlagsbuchhandlung GmbH München, mit freundlicher Genehmigung des Verlages

August Heinrich Hoffmann von Fallersleben (1798–1874): *Breslauer Eindruck*
Aus „Mein Leben", Hannover 1868–70

Christian Hofmann von Hofmannswaldau (1617–1679): *Die Welt*
Aus „Deutsche Übersetzungen und Gedichte", o. O. 1679

Karl von Holtei (1798–1880): *Die Fronleichnamsprozession / Von einer „ergötzlichen Hinrichtung"*
Aus „Vierzig Jahre", Berlin 1843

C. W. Junge: *Die Breslauer Urburschenschaft*
Aus „Die Erinnerungen des Burschenschafters Dr. med. C. W. Junge", Breslau 1867

Johannes Kaps (1906–1959): *Kapitulation 1945*
Aus „Die Tragödie Schlesiens 1945/46 in Dokumenten unter besonderer Berücksichtigung des Erzbistums Breslau", Verlag Christ unterwegs, München 1952/53

Alfred Kerr (1867–1948): *Die Oderstadt – wie schön ist sie!*
Aus „Gesammelte Schriften", (c) Argon Verlag GmbH, Berlin, mit freundlicher Genehmigung des Verlages
Ernst Kieseritzky: *Wohnungsnot um das Jahr 1925*
Aus „Die Not in Breslau", hg. v. Statistischen Amt der Stadt Breslau, Breslau 1924
Samuel Benjamin Klose (1730–1798): *Breslau brennt (1342)*
Aus „Von Breslau. Dokumentierte Geschichte und Beschreibung in Briefen", Breslau 1781
Julius Krebs (1803–1856): *Fürstensaal und Schweidnitzer Keller / Eine reiche und mächtige Stadt*
Aus „Kurze Beschreibung von Breslau. Für Fremde und Einheimische", Breslau 1852
Ferdinand Lassalle (1825–1864): *Über die Revolution in Deutschland*
Aus „Gesamtwerke", hg. v. Erich Blum, Leipzig o. J.
Heinrich Laube (1806–1884): *Breslau ist eine der liberalsten Städte / Die Promenaden wirken recht poetisch*
Aus „Gesammelte Werke in 50 Bänden", hg. v. Heinrich Hubert Houben, Leipzig 1909
Johann Michael von Loen (1694–1776): *Fremde, Adlige, geputzte Leute gibt es die Menge*
Zitiert nach „Breslau. Ein Buch der Erinnerung" von Niels von Holst, Hameln 1950
H. Luchs: *Der Ring / Die Sandkirche*
Aus „Breslau. Ein Führer durch die Stadt", Breslau 1857
Hans Lutsch: *Der Neptunbrunnen / Die Staupsäule*
Aus „Die Kunstdenkmäler der Stadt Breslau", Breslau 1886
Johann Caspar Friedrich Manso (1759–1826): *Breslau kapituliert vor den Franzosen*
Aus „Geschichte des preußischen Staates ...", Frankfurt 1835
Johann Andreas Mauersperger (1649–1693): *Die Große und Kleine Waage*
Aus „Breslau, die weitberühmte Stadt", Breslau 1697
Wolfgang Menzel (1798–1873): *Der Turnplatz*
Aus „Denkwürdigkeiten", Bielefeld 1877
J. von Miaskowski: *Das behagliche Breslau*
Aus „Bilder aus dem Wanderleben einer deutschen Professorenfrau", 1909
Wilhelm Müller (1794–1827): *Der Glockenguß zu Breslau*
Aus „Gedichte", Leipzig 1869
Hans Niekrawietz (1896–1983): *Breslau*
Aus „Oderlieder", (c) 1984 Bergstadtverlag Wilhelm Gottlieb Korn GmbH, Würzburg, mit freundlicher Genehmigung des Verlages
Klaus Oesterreich: *Kleines Breslauer Wörterbuch*
Aus „Hausbuch des schlesischen Humors", hg. v. Alfons Hayduk, Verlag Gräfe und Unzer, München 1965
Martin Opitz (1597–1639): *Morgenlied*
Aus „Geistliche Poemata", Breslau 1638
Will-Erich Peuckert (1895–1969): *Sie haben zusammen die Stadt Breslau zerstört / Das Rathaus*
Aus „Schlesien. Biographie der Landschaft", (c) 1950 by Claassen Verlag GmbH, Hamburg, mit freundlicher Genehmigung des Verlages

Gerhart Pohl (1902–1966): *Der Kindelmarkt / Ohne Lerge ist Breslau nicht Breslau*
Aus „Schlesien gestern und heute. Eine Auswahl von Dichtungen und Berichten namhafter Autoren", hg. v. Albrecht Baehr, Bogen-Verlag, München 1970

Karl von Raumer (1783–1865): *Karl von Winterfeld und das Musikleben Breslaus / Wie das Mineralogische Institut entstand*
Aus „Karl von Raumers Leben von ihm selbst erzählt", Stuttgart 1866

Fr. Reiche: *Bischof Nanker von Breslau / Die Kreuzkirche / Die Mongolen kommen*
Aus „Preußens Vorzeit. Historische Unterhaltungen, Gemälde und Sagen der Vergangenheit, von Städten, Burgen, Schlössern und Klöstern, Biographien und Züge aus dem Leben der Fürsten, Herren, Ritter und Bürger", 2. Auflage Berlin 1843

Friedrich Rückert (1788–1866): *Wie die Breslauer böse Schulden einkassierten*
Aus „Poetische Werke", Frankfurt 1867–69

Heinrich Rückert (1823–1875): *Breslau – eine katholische Welt / Erste Eindrükke von der Universität*
Aus „Heinrich Rückert in seinem Leben und seinen kleineren Schriften dargestellt" von Amélie Sohr und Alexander Reifferscheid, Weimar 1877–80

Hermann Schmeidler: *Die St.-Maria-Magdalenen-Kirche*
Aus „Urkundliche Beiträge zur Geschichte der Haupt-Pfarrkirche St. Maria Magdalena zu Breslau vor der Reformation", Breslau 1838

J. C. H. Schmeidler: *St. Elisabeth*
Aus „Die evangelische Haupt- und Pfarrkirche St. Elisabeth", Breslau 1857

Ferdinand Schmidt (1816–1890): *Die Preußen besetzen Breslau*
Aus „Preußens Geschichte in Wort und Bild. Ein Hausbuch für Alle", Berlin 1864

Rudolf Stein: *Breslauer Fastnacht*
Aus „Der Schweidnitzer Keller im Rathaus zu Breslau", (c) 1982 Bergstadtverlag Wilhelm Gottlieb Korn GmbH, Würzburg, mit freundlicher Genehmigung des Verlages

Johann Georg Steinberger (1694–1756): *Ungeistliche Prediger*
Aus „Breslauisches Tagebuch fon ...", hg. v. Eugen Träger, Breslau 1891

Heinrich Trierenberg: *Das Innere des Doms nach dem Wiederaufbau*
Aus „Reiseführer Schlesien", (c) 1987 Bergstadtverlag Wilhelm Gottlieb Korn GmbH, Würzburg, mit freundlicher Genehmigung des Verlages

Wilhelm Wackernagel (1833–1881): *Die Zwecklose Gesellschaft*
Aus „Wilhelm Wackernagel" von R. Wackernagel, Basel 1885

Karl Julius Weber (1767–1832): *Breslau hat mehrere große Plätze / Breslau ist recht hübsch geworden / Der Salzring oder Blücherplatz*
Aus „Deutschland oder Briefe eines in Deutschland reisenden Deutschen", Stuttgart 1828

Johann Adam Valentin Weigel (1740–1806): *Die Cramerschen Öfen / Der Maler und Kupferstecher Friedrich Gottlob Endler*
Aus „Geographische, naturhistorische und technologische Beschreibung des souverainen Herzogthums Schlesien", Berlin 1802

Heinrich Wendt: *Breslauer Bier*
Aus „Breslau. 600 Jahre Bierstadt", Breslauer Kretschmer-Innung, Breslau 1913

R. Th. Werwill: *Der Erbauer Breslaus*
Aus „Schlesiens Sagen, Legenden und Geschichte. In metrischen Bearbeitungen", hg. v. Johannes Kern, Breslau 1867

Wilhelm II. (1859–1941): *Der neue Name der Universität*
Aus „Aus dem Leben der Universität Breslau", Breslau 1936
Konrad Wutke (1861–1951): *Breslau erhält eine Messe*
Aus „Die Breslauer Messe", Verlagsanstalt und Druckerei AG, Hamburg 1895
J. F. A. Zimmermann: *Die Wilhelmsschule / Die Kirche St. Nikolai*
Aus „Beiträge zur Beschreibung von Schlesien", 13 Bde., Brieg 1783–96
Johann Friedrich Zöllner (1753–1804): *Breslau sieht aus der Ferne sehr vorteilhaft aus / Die Breslauerinnen / In der Nähnadelfabrik / Die Türkische Garnfabrik*
Aus „Briefe über Schlesien, Krakau, Wieliczka und die Grafschaft Glatz. Auf einer Reise im Jahr 1791", Berlin 1792
Arnold Zweig (1887–1968): *Ein Haupttor des Austausches*
Aus „Ausgewählte Werke in Einzelausgaben. Essays", Zweiter Band, Aufbau-Verlag, Berlin/Weimar 1967, mit freundlicher Genehmigung des Verlages

Außerdem haben wir aus folgenden Veröffentlichungen Texte entnommen:
Aus „Aus dem Leben der Universität Breslau", Breslau 1936 („Wilhelm Dilthey beantragt für Johannes Brahms die Ehrendoktorwürde");
aus „Borussia. Museum für Preußische Vaterlandskunde", 3 Bde., Dresden 1838 (die Texte „Der Dom" und „In steter Verschönerung begriffen");
aus „Das Osteuropa-Institut zu Breslau", Breslau 1941, gedruckt bei Paul Plischke („Die Gründung des Osteuropa-Instituts");
aus „Deutsches Museum", hg. v. Robert Prutz, 1855 („Theodor Mommsen kommt nach Breslau");
aus „Führer durch Breslau und seine nächste Umgebung nebst kurzem Wegweiser durch das Riesengebirge", Breslau 1901 (die Texte „Breslauer Stadtteile", „Die Liebichshöhe", „Der Scheitniger Park", „Die Universität");
aus „Geschichte und Beschreibung des Breslauer Tuchhauses. Dabei Betrachtungen über den Neubau desselben in einem Liede von Johann Valentin Maginus, nebst den sämmtlichen dadurch veranlaßten Gedichten" von Friedrich Heinrich von der Hagen, Breslau 1821 („Die drei Baue");
aus „Mitteilungen der Schlesischen Gesellschaft für Volkskunde", Bd. 29, 1928 („Breslauer Marienklage");
aus „Schlesische Zeitung" vom 23. 10. 1811 („Die Eröffnung der Universität nach der Neuorganisation 1811");
aus „Spiegelbild der Zeiten", hg. v. Diethard H. Klein, Freiburg i. Br. 1981 („Die Berennung von Breslau");
aus „225 Jahre Bankhaus Eichborn & Co.", Neustadt an der Aisch o. J., gedruckt bei Ph. C. W. Schmidt („Eichborn – das älteste Bankhaus Breslaus"), mit freundlicher Genehmigung des Verlages

In einigen wenigen Einzelfällen war es trotz nachdrücklicher Bemühungen nicht möglich, die heutigen Inhaber der Rechte festzustellen oder rechtzeitig deren Genehmigung zum Abdruck einzuholen. Hier bitten wir um Verständnis und sichern Nachhonorierung im üblichen Rahmen zu bei entsprechender Nachricht an die Bücher-GmbH., Klinikumallee 11, D-8580 Bayreuth.

Inhaltsverzeichnis